AF311116

A. CERTES

LE PHYLLOXERA

ET

LE BUDGET

EXTRAIT DU *CORRESPONDANT*

PARIS

LIBRAIRIE DE GUILLAUMIN ET Cie

ÉDITEURS DU JOURNAL DES ÉCONOMISTES

DE LA COLLECTION DES PRINCIPAUX ÉCONOMISTES, DU DICTIONNAIRE DE L'ÉCONOMIE POLITIQUE

DU DICTIONNAIRE UNIVERSEL DU COMMERCE ET DE LA NAVIGATION, ETC.

RUE RICHELIEU, 14

1877

LE PHYLLOXERA

ET

LE BUDGET

PARIS. — E. DE SOYE ET FILS, IMPR., 5, PL. DU PANTHÉON.

A. CERTES

LE PHYLLOXERA

ET

LE BUDGET

EXTRAIT DU *CORRESPONDANT*

PARIS

LIBRAIRIE DE GUILLAUMIN ET Cⁱᵉ

ÉDITEURS DU JOURNAL DES ÉCONOMISTES

DE LA COLLECTION DES PRINCIPAUX ÉCONOMISTES, DU DICTIONNAIRE DE L'ÉCONOMIE POLITIQUE
DU DICTIONNAIRE UNIVERSEL DU COMMERCE ET DE LA NAVIGATION, ETC.

RUE RICHELIEU, 14

1877

LE PHYLLOXERA ET LE BUDGET

> Il n'y a pas de sciences appliquées, il n'y
> a que des applications de la science.
>
> (Pasteur).

Chaque fois que la santé ou la richesse publique se trouve
menacée par quelque fléau, les populations intéressées passent par
des alternatives de découragement et de confiance que rien ne jus-
tifie. Comme l'a écrit l'un des historiens du phylloxera [1], « l'aide
« ne vient pourtant qu'à ceux qui la méritent, et qui, en luttant
« contre les fléaux dont ils sont assaillis, obéissent, quoi qu'en pen-
« sent des esprits fanatisés, à un devoir étroit, on peut dire même
« à un précepte divin. »

Fidèles à ce précepte, et cédant à un besoin naturel de leur esprit,
les hommes d'étude se tiennent à l'abri des entraînements irréfléchis.
Ils se préparent à la lutte en demandant des armes aux recherches
et aux méthodes scientifiques, et n'ont pas de repos que le problème
ne soit dégagé de l'inconnu qui l'obscurcissait. C'est ainsi que tour
à tour la pyrale, l'oïdium, la maladie des vers à soie sont venus
nous surprendre, et après des ravages réels, ont reculé devant les
efforts des agriculteurs confiants dans les promesses de la science
et éclairés par elle.

Après douze ans d'existence, la nouvelle maladie de la vigne arrive
à cette phase de son évolution où raisonnablement nous ne devons
plus rien attendre des forces cachées de la nature, mais aussi où,
connaissant toutes les conditions de son développement, nous pouvons l'envisager avec sang-froid et chercher à nous en rendre
maîtres.

Malgré le prix de trois cent mille francs voté par l'Assemblée nationale [2], il est peu probable que l'avenir nous réserve de connaître

[1] M. Duclaux.
[2] Loi du 22 juillet 1874.

ni des insecticides plus puissants, ni tel détail de la vie du phylloxera qui nous permettent de le combattre plus efficacement. Le
moment paraît donc venu d'étudier le problème sous toutes ses faces
et de prendre des résolutions définitives, si nous ne voulons pas qu'il
soit trop tard pour préserver la France d'une catastrophe agricole
et financière sans précédent dans notre histoire. Il s'agit en effet,
comme l'a dit M. Dumas, « d'une récolte, qui est, à la fois, pour
notre pays, l'un des premiers éléments de son hygiène, et pour
l'Etat, l'une des ressources les plus sûres de l'impôt. »

I

LE PHYLLOXERA

I

C'est le 8 décembre 1867, dans une lettre adressée au président
du comice agricole d'Aix, que la nouvelle maladie de la vigne a été
décrite, pour la première fois, par M. Delorme, à l'occasion d'une
vigne plantée en 1863, près de Saint-Martin-de Crau, entre Arles
et Salon. Dès 1865 cependant elle avait été observée sur le plateau
de Pujaut, près de Roquemaure (Gard), et presque en même temps
(1866) à Floirac, près de Bordeaux, sur la rive droite de la Garonne,
à une grande distance, on le voit, du premier point d'attaque connu.
Ce n'est qu'en 1868, à Saint-Remy (Bouches-du-Rhône), que
M. Planchon, professeur à la Faculté des sciences de Montpellier,
étudiant à la loupe une racine malade, découvrit la véritable cause
du mal dans un insecte presque microscopique auquel il donna le
nom, trop justifié depuis, de *phylloxera vastatrix*. Depuis cette
époque, le fléau n'a cessé de s'étendre, tantôt comme une tache
d'huile, suivant l'expression d'un des premiers observateurs, plus rarement en faisant des bonds de cinquante et de quatre-vingts kilomètres, sans parler des foyers latents qui tout à coup se sont révélés à de
grandes distances des points infectés. C'est ainsi qu'en dernier lieu
l'existence du phylloxera a été signalée aux portes d'Orléans, à plus
de deux cents kilomètres des départements envahis.

La culture de la vigne occupait, en 1872, deux millions et demi
d'hectares, répartis entre soixante-quinze départements. Pendant
la même année, la production s'est élevée à plus de cinquante-cinq
millions d'hectolitres, dont la valeur brute a été évaluée à un milliard
six cent mille francs. Ces chiffres sont presque superflus pour

démontrer l'importance de la culture de la vigne dans notre pays ;
mais ce qui est moins connu, c'est l'étendue de la surface actuelle-
lement envahie par la maladie nouvelle, moins de onze ans après
son apparition. Rien de saisissant à ce point de vue, comme les
cartes publiées sous les auspices du ministère de l'Agriculture et de
l'Académie des sciences [1]. D'année en année, on voit le fléau s'é-
tendre avec une intensité toujours croissante, poussant des ramifi-
cations dans le sens des vents régnants, parfois revenant sur ses
pas, tantôt suivant le cours des fleuves, tantôt les traversant, se
développant capricieusement et sans trouver d'obstacles sérieux, dans
presque tous les sols, et sous toutes les latitudes.

Actuellement, vingt-cinq départements sont plus ou moins
atteints. L'Hérault, le Gard, le Var, la Gironde, les Charentes,
le Beaujolais, en un mot les régions essentiellement viticoles ont
été les premières victimes : la Bourgogne est attaquée ; les vignobles
de la Loire, du Cher et de la Champagne sont menacés. En tenant
compte des forces productives des départements envahis, un tiers
de notre production viticole se trouverait sous le coup d'une destruction radicale. Si l'on songe que l'insecte dévastateur n'atteint
pas, au maximum, trois quarts de millimètre de longueur et un demi
de largeur, on partage les sentiments d'effroi et d'admiration mani-
festés par certains délégués de l'Académie, habitués cependant au
merveilleux spectacle des forces de la nature et à sa prodigieuse
fécondité.

La nouvelle maladie de la vigne est donc entrée dans une période
aiguë, où elle n'intéresse plus seulement les savants et les viticulteurs.
Tardivement posée devant l'Académie des sciences, en 1871, la
question du phylloxera a été, depuis lors, méthodiquement étudiée,
au point de vue scientifique, par des observateurs habiles et dévoués.
Au point de vue administratif et financier, les travaux sont plus
rares. A vrai dire, nous ne connaissons guère que les rapports
présentés à la Commission supérieure du phylloxera, aux Conseils
généraux des départements infectés, au Sénat et à la Chambre,
rapports dans lesquels les questions administratives n'ont jamais

---

[1] *Etudes sur la nouvelle maladie de la vigne dans le Sud-Est de la France*,
par M. Duclaux, professeur de physique à la Faculté des sciences de Lyon,
délégué de l'Académie, 1874, 1875 et 1876.

Indications générales sur les vignobles des Charentes, par M. Maurice Girard,
délégué de l'Académie, 1876.

Le phylloxera dans le département de la Gironde, par M. le docteur Azam.
(Extraits des Mémoires présentés par divers savants à l'Académie des
sciences, 1876.)

Rapport présenté au conseil général de la Dordogne par M. le docteur
H. Jaubert, 1876.

été traitées qu'incidemment, et sous forme de vœux souvent plus spontanés que réfléchis. Aussi l'opinion publique s'est-elle émue, dans ces derniers temps, des révélations apportées à l'Académie par certains de ses membres. Dans la séance du 6 novembre 1876, M. le docteur Bouillaud, tout en rendant justice aux pouvoirs publics et à la commission de l'Académie, s'est demandé si l'on était entré dans une voie qui permît d'entrevoir le terme du fléau. Bien que rassurante à certains égards, la réponse du secrétaire perpétuel, M. Dumas, président de la commission, laisse entrevoir que les questions relatives au phylloxera sont loin d'être résolues d'une manière satisfaisante, au point de vue de la pratique agricole, de l'intervention administrative, et surtout de l'instruction et du concours intelligent des intéressés. Cette discussion, bien qu'elle n'ait pas été d'abord publiée, n'aura certainement pas passé inaperçue. Néanmoins il peut être utile de faire une sorte de résumé de la question, d'étudier, principalement à l'aide des données fournies par les comptes-rendus de l'Académie des sciences, les résultats acquis, enfin de rechercher les voies et moyens à l'aide desquels on pourrait, plus efficacement que par le passé, venir en aide à l'agriculture et sinon détruire le phylloxera, du moins l'arrêter dans sa marche envahissante.

II. — Histoire naturelle du Phylloxera.

On a pu se demander, au début de la nouvelle maladie de la vigne, si le phylloxera était bien la cause et non l'effet du dépérissement de la plante. Sans entrer dans une discussion qui n'a vraiment plus d'intérêt scientifique, j'aurais voulu me borner à constater que l'opinion des observateurs qui l'attribuaient tantôt à la sécheresse ou au froid, tantôt à l'appauvrissement du sol, à la dégénérescence des ceps ou à l'emploi de certains engrais, n'a jamais compté de défenseurs que parmi les hommes absolument étrangers aux sciences naturelles. Il n'en est pas de même en dehors du monde scientifique, et l'on rencontre, aujourd'hui encore, de prétendus praticiens qui renouvellent à l'occasion du phylloxera les préjugés qui ont eu cours autrefois lors de l'apparition de l'oïdium, de la maladie des pommes de terre, et même de la pyrale ; préjugés dangereux puisqu'en entretenant des illusions sur la vraie cause du mal, ils engagent les viticulteurs dans une voie coûteuse où les attendent des déboires certains. Ces préjugés sont un vestige de la croyance aux générations spontanées que les belles expériences de M. Pasteur ont définitivement réduite à néant. On sait aujourd'hui que, dans le règne végétal comme dans le règne animal, la putréfaction est le produit et non la cause du développement des bactéries, des vibrions, des moisissures et de toutes les végétations parasites. Il en est de même des parasites de l'ordre le plus élevé[1]. Il y a là une règle générale, admise actuellement par la plupart des savants, et tout indique que le phylloxera qui occupe un rang relativement élevé dans l'échelle des êtres animés, ne fait pas exception à la loi. Ajoutons que des expériences concluantes ont été faites, non-seulement par des savants comme MM. Cornu et Boutin, mais aussi par des viticulteurs partisans du phylloxera-effet, dont elles ont dessillé les yeux[2].

On a également élevé des doutes sur l'origine américaine du phylloxera ; on a même cherché à prouver son existence ancienne en Europe. Sans parler du *phtheir* de Strabon dans lequel M. Koressios, d'Athènes, a cru reconnaître le phylloxera[3], on a signalé l'existence d'un puceron qui, de 1767 à 1771, aurait ravagé les vignes de la Marne[4] et aurait été mis en fuite par la culture intersticielle du chanvre. M. Planchon a démontré combien cette opinion était erronée. Tous les faits la contredisent : l'identité absolue du phylloxera de la vigne en Europe et en Amérique, aussi bien que l'impossibilité de faire vivre nos vignes françaises avec ce nouvel ennemi. Sa puissance est telle, que tout cep d'origine européenne a disparu du vaste espace qui s'étend des Montagnes-Rocheuses à la mer[5] ; il en aurait été certainement de même depuis longtemps en Europe s'il y était indigène. J'ajoute que partout l'apparition du phylloxera coïncide avec l'importation de plants américains ; en Irlande, en Angleterre, à Prégny en Suisse, à Klosterneuburg près Vienne, dans le grand duché de Bade, dans le parc du domaine royal d'Anaberg près Bonn ; en France à Roquemaure, à Bordeaux, hier encore à Orléans et à Beblenheim en Alsace. C'est donc bien contre le phylloxera et contre le phylloxera d'origine américaine que nos viticulteurs ont à lutter.

---

[1] Voir l'ouvrage intitulé : *Les commensaux et les parasites dans le règne animal*, par Van Beneden. 1875. (Introduction, p. 12.)

[2] *Mémoire sur la maladie de la vigne*, par M. Louis Faucon. 1874. (Extrait des Mémoires présentés par divers savants à l'Académie des sciences, p. 14.)

[3] Le phtheir paraît être une cochenille farineuse répandue, aujourd'hui encore, dans la région de la Méditerranée et de la mer Noire. En Crimée, où elle exerce de grands ravages, on s'en préserve par la submersion des ceps.

[4] *Moniteur vinicole* du 27 janvier 1875.

[5] En Californie, au contraire, où le phylloxera n'a pas encore pénétré, nos vignes françaises n'ont cessé de prospérer depuis de longues années.

À l'inverse de son congénère du chêne, le phylloxera de la vigne mène, pendant la majeure partie de son évolution, une existence souterraine. Cette difficulté, jointe à l'extrême petitesse de l'insecte, et à celle plus grande encore de ses œufs[1], rendait les observations fort difficiles, impossibles même, pour ceux qui ne sont pas familiarisés avec l'usage du microscope. On ignore trop, en général, combien les découvertes dans le domaine des infiniment petits exigent d'efforts patients et habiles de la part de l'observateur. On ne voit bien que ce que l'on connaît déjà, et d'un autre côté, il faut soumettre la théorie aux faits, et non les faits à la théorie. Peu d'hommes en France, en dehors des savants délégués de l'Académie, étaient capables d'observer avec cette sûreté de vues et cette indépendance de jugement.

Chimistes, botanistes, entomologistes se sont mis à l'œuvre : les uns ont étudié l'action de la maladie sur la plante et des insecticides sur la maladie ; les autres la topographie du fléau, les allures et les mœurs de l'insecte. M. Balbiani, professeur au collége de France, s'est plus particulièrement occupé de son évolution. On lui doit le dernier mot sur les diverses métamorphoses du phylloxera : par ses expériences et ses recherches, il a contribué, dans une large mesure, à rendre possible un traitement rationnel, à la fois préventif et curatif. Aussi ferons-nous de nombreux emprunts aux notes et mémoires qu'il a présentés à l'Académie[2].

Tout le monde connaît ces troupeaux de pucerons qui couvrent certaines plantes de nos jardins et à qui les fourmis industrieuses prodiguent les soins intéressés de l'éleveur pour son bétail. Le phylloxera de la vigne appartient à une espèce voisine, beaucoup plus petite et présente un des plus curieux exemples de polymorphisme que l'on rencontre chez les insectes. On le trouve successivement, sur les racines de la vigne, à l'état de femelle aptère, puis de nymphe ; il apparaît ensuite, hors du sol, sous la forme de femelle ailée qui donne enfin naissance à des individus sexués très-différents des générations précédentes, et même de leurs descendants qui repro-

---

[1] La dimension de l'œuf femelle, le plus gros des œufs du phylloxera, ne dépasse pas, d'après M. Balbiani, $0^{mm},40$ de longueur sur $0^{mm},20$ de largeur.

[2] *Mémoire sur la reproduction du phylloxera du chêne*, 1874. — *Sur le phylloxera ailé et sa progéniture*, 1874. — *Recherches sur l'action du coaltar dans le traitement des vignes phylloxerées*, 1874. — *Observations sur la reproduction du phylloxera de la vigne*, 1874. — *Les phylloxeras sexués et l'œuf d'hiver*, 1875. — *Sur l'éclosion prochaine des œufs d'hiver du phylloxera*, 1876. — *Sur la parthénogenèse du phylloxera comparée à celle des autres pucerons*, 1876. — *Nouvelle recherche sur le phylloxera du chêne*, 1876. — *Recherches sur la structure et la vitalité des œufs du phylloxera*, 1876, etc., etc. Nous avons eu soin de mettre entre guillemets les extraits des Mémoires de M. Balbiani.

duisent la forme primitive. Ceux-ci eux-mêmes, selon la nature des ceps, ne reconstituent pas seulement les colonies souterraines, mais forment aussi des galles sur les feuilles [1]. Si nous suivons l'évolution du phylloxera à partir de son sommeil hibernal, nous trouvons au printemps, sur les racines de la vigne, « les premiers nés de l'année, « reconnaissables à leur belle couleur jaune d'or, mêlés en grand « nombre aux mères pondeuses et à des œufs non moins nombreux, « attendant le moment de l'éclosion. Les radicelles et surtout les ren- « flements de leurs extrémités, déterminés par la piqûre du parasite, « sont chargés d'individus de toute taille. » Tous ces insectes nés ou à naître sont exclusivement des femelles. Les jeunes, très-agiles, errent de place en place, en quête du point où ils vont se fixer pour se nour- rir et commencer la ponte. Sitôt fixé, l'insecte implante sa trompe dans le tissu des racines et y adhère fortement. Cette trompe est formée de trois soies, une plus grosse, médiane, double, et deux latérales plus grêles et plus courtes. Elle forme une sorte de fil brun qui se recourbe. Ce n'est que rarement, lorsque la plante se dessèche que le phylloxera se déplace ; le plus souvent on le trouve mort, entouré de ses œufs [2]. « Tous les observateurs sont unanimes pour décrire la prodigieuse rapidité de multiplication du phylloxera ; M. Fau- con compare à une couche de couleur jaune l'aspect que présente la surface de certaines racines, en septembre. « Cette fécondité est « due à plusieurs causes ; la principale tient au mode de reproduction « du phylloxera. Cet insecte est un exemple de reproduction par « parthénogénèse ou sans le concours du mâle, faculté qu'il partage « avec plusieurs autres animaux de la même classe. Non-seulement « toute la population est femelle, mais chaque individu, chaque œuf « même, dès l'instant qu'il est évacué, est fatalement fécond. Tout « sujet par cela même qu'il vient au monde, doit un tribut forcé à « l'accroissement de la société dont il fait partie, tribut qu'il paye « dans une large mesure. »

La larve fixée sur les radicelles grossit peu à peu ; au fur et me- sure sa peau fonce en couleur. Bientôt cette peau se rompt par la face dorsale et tombe ; c'est la première mue. Après trois ou quatre autres mues, c'est-à-dire, selon la température, au bout de six à douze jours, on aperçoit, par transparence dans l'abdomen, un ou deux œufs. L'insecte a alors atteint le maximum de son développement.

---

[1] L'histoire des phylloxeras sortis de l'œuf d'hiver, déjà connue par les travaux de MM. Balbiani, Cornu, etc., a été l'objet d'une récente publica- tion de M. Boiteau. — *Œuf d'hiver et son produit.* Libourne, 1876.

[2] Ces détails sont empruntés aux *Etudes sur la maladie de la vigne* de M. Maxime Cornu. (Extrait des Mémoires présentés par divers savants à l'Académie des sciences, 1876.)

Vu au microscope il présente sur la face dorsale des rangées de tubercules et sa forme l'a fait comparer à une petite tortue. La ponte commence ; elle se continue sans relâche, à raison quelquefois de dix à treize œufs en un seul jour, jusqu'à la mort de l'insecte, dont la vie a une durée d'environ six semaines. Après une période d'incubation qui varie également selon la température et qu'on peut évaluer à huit jours en moyenne, il sort de l'œuf un phylloxera aptère qui, fécond à son tour, est apte, au bout de huit jours, à pondre des œufs, également féconds, pendant une série de générations dont on n'a pu jusqu'à présent établir exactement le chiffre. Ce qui est certain, c'est qu'une seule mère peut ainsi donner naissance, du 1er avril au 1er novembre, à des millions d'individus. Cette inondation d'insectes suceurs se répand sur les racines des ceps voisins tantôt par la surface, plus souvent à l'intérieur du sol. A l'époque où il sort de l'œuf, l'insecte dépasse à peine en longueur un demi, en largeur un quart de millimètre, et M. Cornu fait observer que c'est un animal aplati, qui n'exige pas plus d'un huitième de millimètre peut-être, pour se glisser d'un point à un autre. Aucun terrain n'est donc assez compacte pour faire obstacle à sa marche. Seuls les terrains sablonneux, à raison de leur excessive mobilité, sont relativement indemnes.

Plus on descend dans l'échelle des êtres, plus la nature semble multiplier et varier les moyens destinés à conserver la perpétuité de l'espèce. Après l'avoir assurée sur place et pendant un temps donné, il lui faut encore préparer et garantir sa dissémination dans des régions nouvelles. Pour certaines races, et le phylloxera est du nombre, l'émigration n'est pas une faculté, c'est une loi. Sans l'émigration, l'insecte, après avoir tué la vigne sa nourrice, mourrait de faim, enseveli dans son triomphe, sans laisser de descendants.

« Vers le mois de juillet et au moment où les racines flétries ne « leur fournissent plus qu'une nourriture insuffisante, un certain « nombre de jeunes phylloxeras, tout d'abord semblables aux « autres, prennent en grossissant une forme plus allongée ; bientôt « apparaissent sur les parties latérales du corps des rudiments « d'ailes ; la taille de l'insecte s'étrangle de manière à délimiter le « thorax et l'abdomen. Au bout d'un temps variable, et à la suite « d'une dernière mue, cette nymphe se transforme elle-même en « insecte ailé et parfait, » qui ressemble à un moucheron minuscule, à corps jaune et allongé, muni de quatre ailes grises plus longues que l'abdomen et d'inégale grandeur. C'est à la surface du sol que se produisent les dernières métamorphoses de la nymphe du phylloxera et les derniers actes de son évolution.

« Si l'observation des mœurs du phylloxera aptère présente des

« difficultés particulières en raison de son existence cachée dans
« l'intérieur du sol, celle du phylloxera ailé est moins aisée encore
« parce que, aussitôt apparu, il fuit au loin et se dérobe à l'obser-
« vateur. Sans doute, il est facile de le saisir, de l'incarcérer dans
« des flacons et d'examiner comment il se comporte dans ces con-
« ditions ; mais l'observation de l'animal captif ne peut donner
« aucune idée de ses mœurs à l'état de liberté. Ses allures inquiètes
« témoignent son impatience et son malaise. Sa vie est abrégée, et
« le plus souvent il meurt sans s'être débarrassé de ses œufs. C'est
« qu'en effet on supprime, par la captivité, toute une phase impor-
« tante de la vie de l'insecte, celle de la migration qui est le but
« essentiel de son existence et qu'un instinct irrésistible l'oblige à
« accomplir avant de se livrer aux actes normaux de la reproduc-
« tion. Ainsi se comportent beaucoup d'autres insectes ; tels sont
« aussi dans les classes supérieures, un grand nombre d'oiseaux et
« de poissons. » Ces difficultés avaient arrêté beaucoup d'observateurs ; elles ont été vaincues par M. Balbiani. Le point important
était de suivre l'insecte ailé dans ses dernières métamorphoses et
de découvrir comment il servait de lien entre la colonie souterraine
qu'il venait de quitter et celle qu'il allait fonder au loin. Guidé par
les analogies que présentent l'évolution du phylloxera de la vigne et
celle du phylloxera du chêne qu'il avait étudié à cet effet, M. Balbiani ne tarda pas à découvrir les individus sexués, issus des
femelles ailées [1]. Jamais l'éminent zoologiste n'avait montré plus
de sagacité. A l'aide d'un embryon mort avant que de naître, mais
dont il avait pu suivre le développement au microscope, il avait
réussi à reconstituer, par avance, toute l'histoire du phylloxera
sexué. Néanmoins un détail important au point de vue pratique
n'avait pu être observé directement ; il restait à connaître dans quel
lieu les générations aériennes déposent leurs œufs. Pour découvrir
un œuf microscopique, déposé dans le duvet des feuilles ou sous
l'écorce de la vigne, il fallait non-seulement de la patience mais
aussi un heureux hasard. Un an après la publication du mémoire de
M. Balbiani, M. Boiteau, vétérinaire à Villegouge (Gironde), aperce-
vait, le premier, l'insecte ailé pondant à la face inférieure des
feuilles [2].

MM. Cornu et Balbiani se trouvaient alors à Cognac ; ils furent

---

[1] *Le phylloxera ailé et sa progéniture*, par M. Balbiani. (Compte-rendu de
l'Académie des sciences 31 août 1874.)

[2] C'est au mois de septembre 1875 que M. Boiteau a fait cette intéressante
découverte qui lui a valu une grande médaille d'or, décernée par le Ministre
de l'Agriculture et du Commerce, ainsi que les encouragements du Conseil
général de la Gironde.

de suite appelés et constatèrent le fait. A partir de ce moment, les voiles qui couvraient les dernières transformations de l'insecte ailé ne tardèrent pas à tomber. Les prévisions de M. Balbiani sur le lieu de la ponte, sur la nature des œufs, sur la régénération de la race par des individus sexués, sur l'œuf d'hiver, se trouvaient réalisées; les faits étaient bien tels que la théorie les avait entrevus [1]. Les essaims de phylloxera ailés, comme les colonies souterraines de phylloxeras aptères, se composent exclusivement d'individus femelles qui restent groupés pour la ponte comme pour la migration. Les œufs déposés indifféremment sur les sarments, les bourgeons et les feuilles, au nombre de quatre ou cinq par individu, sont de deux sortes. Au bout de huit à dix jours, les uns, plus gros, donnent naissance à des femelles, les autres, plus petits, à des mâles. Ces nouveaux individus ne ressemblent en rien à leurs mères; ils sont aptères comme leurs grand'mères; mais, détail caractéristique, ils sont dépourvus de trompe et de tout organe digestif. Ces petits êtres si imparfaitement organisés pour la vie individuelle, ne se nourrissent donc pas et, comme leur congénère le phylloxera du chêne, ne vivent, mâles et femelles, que pour la reproduction. La femelle, après avoir été fécondée, pond un œuf unique : *l'œuf d'hiver*.

Malgré leur innocuité apparente, puisqu'ils ne prennent aucune nourriture pendant leur vie assez courte, les phylloxeras sexués jouent un rôle redoutable. Ce sont eux, en effet, qui régénèrent la race abâtardie et épuisée par plusieurs générations d'individus parthénogénésiques.

Au point de vue pratique, les faits les plus importants de l'histoire des phylloxeras sexués sont, sans contredit, ceux relatifs à la ponte de l'œuf d'hiver, à l'époque de son éclosion et au sort du jeune qui en provient. Par sa forme, sa couleur, son origine, cet œuf constitue réellement une quatrième sorte d'œuf de ces singuliers insectes, les trois autres étant : l'œuf du phylloxera aptère des racines et les œufs, mâles et femelles, du phylloxera ailé. « Jaune comme les autres œufs de l'espèce lorsqu'il est
« récemment pondu, l'œuf d'hiver prend dans les jours suivants
« une teinte plus foncée qui passe graduellement au vert olive, en
« même temps que de nombreuses petites taches obscures apparais-
« sent à sa surface et y déterminent un pointillé noir qui, en se
« détachant sur le fond vert, lui donnent un aspect assez élégant.
« Il est luisant, translucide, avec un dessin superficiel en relief for-
« mant des mailles hexagonales, comme les œufs des individus ailés,

---

[1] *Le phylloxera ailé et sa progéniture.* Comptes-rendus de l'Académie des sciences, 1874.

« tandis que ceux de l'insecte des racines sont ternes, opaques
« et lisses à leur surface. » Par sa taille, il tient le milieu entre
les autres œufs; ses dimensions ne dépassent pas, en moyenne,
0^{mm},28 de long sur 0^{mm},13 de large. « Quant à l'endroit où
« est déposé cet œuf, c'est toujours sur le bois, jamais sur les
« feuilles, contrairement aux œufs de l'individu ailé qui sont
« disséminés presque indifféremment sur toutes les parties de
« la plante. »

Pour achever l'histoire du phylloxera, il reste à dire ce que
devient la femelle régénérée qui sort de l'œuf d'hiver. Naissant au
printemps sur la partie ligneuse et aérienne du cep, à mi-chemin
des feuilles et des racines, les générations nouvelles se dirigent[1],
selon leur caprice, les unes vers les racines pour y commencer une
existence souterraine, les autres vers les feuilles pour y former les
colonies gallicoles étudiées et décrites par M. Cornu[2]; les galles,
assez communes sur les ceps américains, sont fort rares sur les ceps
indigènes; elles ne nuisent pas par elles-mêmes à la plante et n'of-
frent d'intérêt qu'à cause des colonies souterraines qui peuvent en
sortir. Quant à ces dernières, leur évolution nous est déjà connue;
nous n'y reviendrons pas.

Il y a, au contraire, lieu d'insister sur les dernières découvertes
auxquelles M. Balbiani a été amené par l'ensemble de ses recherches, découvertes qui ont une importance capitale au point de vue
de la destruction possible du phylloxera. Dès l'origine, le savant
professeur avait émis l'avis qu'à raison même de son mode de reproduction parthénogénésique, le phylloxera portait en lui-même
une cause de dégénérescence qui amènerait infailliblement l'extinction de la race, si elle n'était régénérée par *l'œuf d'hiver*, produit
de la génération sexuée. Depuis, M. Balbiani a développé dans plusieurs mémoires, les raisons scientifiques de cette probabilité qui
avait été contestée par M. Lichtenstein, de Montpellier. Il paraît, en
effet, prouvé que dans les galles, l'insecte, né de l'œuf d'hiver, pond
un nombre d'œufs bien plus considérable sur les vignes américaines
que sur les vignes françaises[3]. Dans les colonies souterraines, les

[1] Dans sa dernière brochure « *Œuf d'hiver et son produit,* » M. Boiteau
rend compte d'un certain nombre d'observations nouvelles, d'après les-
quelles, les premières générations monteraient toujours sur les feuilles,
tandis que les dernières écloses dans les galles, redescendraient sur les
racines.

[2] *Etude sur la nouvelle maladie de la vigne,* par M. Maxime Cornu, 1874.

[3] Certains observateurs disent avoir trouvé six cents œufs dans les galles
de vignes américaines contre deux cents dans les galles des vignes françaises. Si le fait est vrai, il n'est pas en faveur de la transformation des
vignobles phylloxérés par des plantations de vignes américaines.

premières générations pondent quatre-vingt dix à cent œufs au maximum. Dans les générations suivantes, le nombre des œufs va toujours diminuant ; il n'est plus que de trois à cinq pour les générations ailées ; la femelle sexuée, fille de l'ailée, qui forme le dernier anneau de la chaîne, ne pond plus qu'un seul œuf, l'œuf d'hiver.

L'examen anatomique a parfaitement rendu compte de ces faits physiologiques. Chez les pucerons ordinaires, on n'observe jamais d'avortement graduel de l'appareil ovarique ; chez le phylloxera, au contraire, le nombre des tubes ovigères qui est de vingt à vingt-quatre, chez l'insecte issu de l'œuf d'hiver, diminue progressivement, de telle sorte, qu'après plusieurs générations aptères, on ne trouve plus chez la femelle ailée que de deux à quatre gaînes, et une seule chez la femelle sexuée. Il est donc très légitime d'espérer que la destruction de l'œuf d'hiver arrêtant le développement de la génération aérienne, on verra peu à peu les insectes souterrains disparaître graduellement, et que la vigne pourra résister aux attaques d'ennemis dégénérés et moins nombreux.

Il reste cependant, dans l'histoire du phylloxera, un point obscur et une difficulté que nous devons signaler pour être complet ; je veux parler des femelles sexuées hypogées. Cette génération sexuée est fort rare [1]. Le mâle n'a jamais été observé, et très-probablement n'existe pas. De l'avis de M. Balbiani qui l'a découverte à Montpellier, la génération sexuée hypogée ne constitue pas une phase normale et régulière de l'évolution du phylloxera. On est donc en droit de considérer, sinon comme certaine, du moins comme très-probable, la destruction spontanée du phylloxera souterrain par la dégénérescence de l'espèce, à la suite du traitement préventif appliqué à l'œuf d'hiver.

En résumé, il ressort des belles découvertes de M. Balbiani, que le phylloxera possède trois modes de reproduction, ayant chacun, dans le plan de la nature, leur but spécial et déterminé. Les femelles parthénogénésiques aptères perpétuent et développent sur place les colonies souterraines. Les essaims de femelles ailées vont fonder au loin des colonies nouvelles et donnent naissance aux individus sexués. Ceux-ci, mâles et femelles, voués uniquement à la reproduction, sont destinés à régénérer la race par l'œuf d'hiver d'où sortira, au printemps suivant, une femelle parthénogénésique aptère conforme au type primitif.

Aucun des détails patiemment recueillis, depuis plusieurs années,

---

[1] Cette génération sexuée exceptionnelle chez le phylloxera de la vigne, est normale chez le phylloxera du chêne kermès. Voir les *Mémoires* de M. Balbiani sur le phylloxera du chêne et sur la génération sexuée hypogée du phylloxera de la vigne. Comptes-rendus de l'Académie des sciences, 1874.

par MM. Faucon, Boiteau, Cornu et Balbiani n'était inutile. Aussi
longtemps qu'on les a ignorés, les traitements proposés, résultats
de recherches empiriques, n'ont abouti à rien de sérieux. Aujour-
d'hui, au contraire, on sait qu'avant tout, il faut débarrasser la
vigne du parasite, que tout traitement qui détruit les colonies souterraines sans tuer l'œuf d'hiver, est forcément inefficace; on sait
enfin à quelle époque il faut agir et quelles sont les différentes
retraites de l'invisible ennemi.

III. — MARCHE ET ÉVOLUTION DE LA MALADIE.

C'est à M. Maxime Cornu [1] que l'on doit l'étude approfondie des
lésions produites sur les racines de la vigne par le phylloxera, lésions qui amènent plus ou moins rapidement, mais infailliblement
la mort de la plante. Quand un pied de vigne est attaqué, les radicelles qui forment le chevelu de la racine par lequel la plante
puise sa nourriture dans le sol, se couvrent de nodosités caractéris-
tiques qui constituent le résultat le plus net et le plus évident de la
maladie, comme elles en sont d'ailleurs le premier symptôme. Le
phylloxera est souvent visible à leur surface. Ces renflements, de
consistance assez ferme, d'abord jaunâtres, se décomposent bientôt,
pourrissent, deviennent noirs et finissent par se dessécher entièrement. Ils constituent une hypertrophie toute locale, produite par
l'action directe du parasite et qui se retrouve, mais à un moindre
degré sur les racines plus âgées attaquées par l'insecte. Après avoir
démontré que le phylloxera « se nourrit avec une quantité d'élé-
« ments plastiques relativement faible, » M. Cornu en conclut que
l'épuisement de la plante provient « non pas de ce que les éléments
« nutritifs sont absorbés par l'insecte, mais de ce qu'ils sont, par
« la formation de tissus nouveaux, *détournés* de leur but naturel et
« qu'ils ne nourrissent pas les organes qu'ils devaient alimenter. »
C'est par ce motif que les fortes fumures et les engrais puissants
donnent souvent à la vigne une apparence de guérison; mais fatalement, si le parasite lui-même n'a pas été détruit, la plante, après
s'être défendue plus ou moins longtemps, perd ses dernières radicelles et « meurt de faim. » Cette théorie n'a été sérieusement contestée par personne. Appuyée sur des faits constants, elle rend
parfaitement compte des phases diverses et de la marche plus ou

[1] *Étude sur la nouvelle maladie de la vigne, par* M. Maxime Cornu, délégué
de l'Académie. (Extrait des Mémoires présentés par divers savants à l'Académie des sciences, 1874.)

moins rapide de la maladie, selon les circonstances locales de sol
et de culture.

L'aspect extérieur de la vigne répond aux phénomènes internes
que nous venons d'esquisser. Pendant la première année, c'est à
dire jusqu'à la destruction du chevelu, aucun symptôme extérieur
ne peut faire supposer l'existence de la maladie bien que les insectes
soient ordinairement très-nombreux; c'est la période « latente. »
Mais, dès le printemps suivant, la vigne qui l'année précédente avait
donné sa récolte normale, ne pousse plus que de grêles bourgeons
et, bien souvent, elle est morte avant la fin de l'année. Cette forme
foudroyante s'est produite surtout dans les Bouches-du-Rhône et
dans Vaucluse; elle n'est sans doute pas la plus commune, mais ce
que l'on peut affirmer d'une manière générale, d'après le témoignage des observateurs les plus consciencieux [1], c'est qu'une vigne
abandonnée à ses propres forces ne passe pas la troisième année. Il
est néanmoins certain que les circonstances de sol, de culture, de
climat, exercent une grande influence sur la marche plus ou moins
rapide de la maladie. Les terrains sablonneux jouissent d'une im-
munité relative, et, sous une latitude plus septentrionale, la période
d'hibernation commençant plus tôt et finissant plus tard, il en
résulte forcément une marche plus lente du fléau, mais rien de
plus.

Ce serait donc une illusion des plus dangereuses que de croire
que les départements septentrionaux échapperont au fléau. Déjà le
phylloxera est à Orléans. N'y fût-il pas, on pourrait affirmer, d'après
les expériences de M. Becquerel sur la température du sol [2], que
même sous la latitude de Paris, le phylloxera hibernant se trouverait suffisamment abrité contre les hivers les plus rigoureux.
Aussi c'est en vain que certains propriétaires ont déchaussé les
vignes, au risque de les exposer à la gelée. Les expériences [3] ont
établi que les phylloxeras hibernant supportent pendant plusieurs
jours, sans paraître en souffrir, des températures de — 6° et — 10°.
Ces froids seront bien rarement atteints dans nos climats, s'ils
le sont jamais, aux profondeurs de $0^m,30$, $0^m,50$, 1^m et plus où
descendent le plus souvent les racines de la vigne.

L'œuf d'hiver, il est vrai, est déposé à l'extérieur du sol, mais il

---

[1] Les recherches récentes de M. Boutin aîné, délégué de l'Académie, sur les
altérations chimiques des vignes phylloxerées confirment ces faits. (Extrait
des Mémoires présentés par divers savants à l'Académie des sciences, 1877.)

[2] Compte-rendu de l'Académie des sciences, 18 janvier 1875.

[3] *Indications générales sur les vignobles des Charentes*, par M. Maurice Girard,
délégué de l'Académie. (Extrait des Mémoires présentés par divers savants
à l'Académie des sciences, 1876, p. 68-69.)

présente un degré de résistance encore plus grand que les insectes. Un sextuple rempart isole le germe et le vitellus de l'air ambiant, et M. Balbiani, à qui l'on doit ces détails histologiques, a reconnu, il y a déjà plusieurs années, que les œufs d'araignées pouvaient subir un froid artificiel de — 19°, sans que leur faculté prolifère fût altérée. Ce n'est que dans le voisinage de — 29° que l'embryon a été atteint et désorganisé par le froid. Il n'y a donc rien à attendre de l'hiver le plus rigoureux au point de vue de la destruction spontanée du phylloxera..

On sait, par les expériences de M. Faucon, que la submersion doit être complète et prolongée pendant quarante ou cinquante jours pour être efficace contre le parasite. On ne peut donc compter davantage sur les pluies d'automne ou d'hiver. Ces chances de destruction écartées, que reste-t-il à ceux qui espèrent encore la disparition naturelle du fléau? Les parasites du parasite. On n'a pas oublié qu'avant que le procédé de l'ébouillantage de Thomas Raclet se fût répandu, la pyrale de la vigne a disparu d'elle-même dans beaucoup de vignobles des environs de Paris, et Audouin a décrit avec soin les nombreux parasites auxquels on devait cette cure inattendue.

Peut-on avoir une espérance raisonnable de voir le phylloxera disparaître, ou du moins éprouver une très-forte diminution par des causes de ce genre? Tout d'abord, il y a lieu de remarquer qu'en Amérique, où le phylloxera est indigène, les parasites, signalés par MM. Riley et Planchon, l'ont laissé se développer librement, et n'ont en rien défendu les espèces de vignes qui ne peuvent vivre avec lui. En France, la question a été approfondie par M. Girard. Sans entrer dans les détails techniques qui abondent dans son intéressant mémoire [1], reconnaissons que cet entomologiste ne nous laisse aucun espoir. « Il y a d'abord, dit-il, cette circonstance très-« fâcheuse de la provenance exotique et de la vie souterraine de « l'insecte. » Parmi plus de cent espèces d'insectes carnassiers de toute taille, nocturnes ou diurnes, les uns aveugles et destinés à vivre sous terre comme le phylloxera, les autres courant ou volant à la surface du sol, M. Girard n'a découvert aucun auxiliaire sérieux. Dans tous les cas, grâce à la reproduction parthénogenésique, le phylloxera continuerait à se reproduire par milliards pendant que ses ennemis possibles ne se reproduisent que par milliers. Mais les insectes carnassiers ne sont pas les seuls ennemis naturels des autres insectes. Dès 1874, MM. Planchon et Cornu avaient signalé l'existence de champignons parasites des pucerons de la vesce et du

[1] M. Girard. Mémoire déjà cité.

sureau. De son côté, M. Pasteur avait proposé d'inoculer au phylloxera les corpuscules parasitaires du ver à soie. Aucune des expériences faites dans ce sens n'a réussi, et M. Planchon lui-même qui avait rapporté d'Amérique certains acariens microscopiques parasites du phylloxera, ne paraît attendre aucun secours de ce côté [1].

Bien que le phylloxera et l'oïdium, tous deux d'origine américaine, soient l'un un parasite animal, l'autre un parasite végétal de la vigne, il n'est pas inutile de les comparer l'un à l'autre au point de vue de leurs effets et de leur développement. Le rapprochement est malheureusement tout en faveur de l'innocuité relative de l'oïdium. Il résulte, en effet, des recherches de M. Balbiani que si l'évolution du phylloxera a subi quelque variation par suite de son changement de milieu, il n'en accomplit pas moins le cycle entier de ses métamorphoses. L'oïdium, au contraire, ainsi que l'a reconnu M. Tulasne[2] n'est que la forme conidifère d'un Erysiphe qui, dans nos contrées, n'arrive jamais à son complet développement. Un hiver, une saison défavorable, telle qu'un été sec qui empêche les spores de germer, suffisent souvent pour détruire en grande partie ce cryptogame, qui n'est pas acclimaté en Europe, ni par suite organisé pour la résistance. Il suit de là que l'influence de l'oïdium sur la production peut être plus prompte et se faire plus vivement sentir au début que celle du phylloxera, mais qu'après une ou plusieurs années, la vigne, surtout si elle est aidée par le soufrage, pourra s'affranchir de cet ennemi, tandis que le phylloxera qui, au début, respecte et même active la production (j'essaierai de le démontrer), ne s'affaiblit pas de lui-même et amène fatalement la disparition, non plus seulement des fruits, mais du cep.

« Le phylloxera, écrit M. Girard [3], se présente dans les condi-
« tions les plus redoutables pour nous, au point de vue de sa des-
« truction possible. Les insectes nuisibles multipliés outre mesure
« par les cultures uniformes opérées par l'homme, sont détruits
« souvent par des accidents atmosphériques comme de violents
« orages ou des froids tardifs ou précoces, surprenant ces petits
« animaux à l'état d'activité et non dans celui de vie latente où ils
« pourraient leur résister. Le phylloxera est à l'abri de pareils
« agents de destruction comme il l'est des insectes carnassiers ou
« parasites. »

D'autre part, les lésions qu'il cause à la vigne sont plus dange-

---

[1] *Le phylloxera en Europe et en Amérique*, par J.-E. Planchon.

[2] *Rapport sur les progrès de la botanique phytographique*, par M. Adolphe Brongniart, membre de l'Institut, etc. 1868, p. 99.

[3] Ouvrage déjà cité.

reuses et plus perfides. La plupart des ennemis de la vigne, insectes ou végétaux parasites, s'attaquent aux organes aériens de la plante et n'amènent pas nécessairement sa mort ; le phylloxera, destructeur de la racine, attaque la plante dans les seuls organes par lesquels la vie végétale se continue en hiver, alors que tout le système aérien est au repos. On peut donc affirmer que jamais la vigne n'a rencontré de plus funeste ennemi, et tous ceux qui ont étudié la question sont unanimes sur ce point.

IV. — Remèdes et solutions

On peut dire qu'à l'heure actuelle tous les procédés de destruction du phylloxera ont été expérimentés ; procédés culturaux, procédés de dérivation, submersion, insecticides, procédés préventifs, remplacements des vignes françaises par les vignes américaines, greffes de toute espèce. Le cadre de cette étude ne comporte pas de longs développements sur cette partie de la question malgré l'intérêt qui s'y attache. Les discussions sur cet objet sont mieux à leur place dans les journaux spéciaux, à l'Académie et dans les commissions. Pour ma part, je dois me borner à exposer brièvement les tentatives faites et les résultats qui paraissent acquis.

Le nombre des recherches empiriques que le mirage d'un prix de 300,000 francs a fait éclore est à peine croyable et la somme des travaux sérieux est elle-même trop considérable pour qu'il soit possible de les énumérer, même sommairement. Pour ne parler que des tentatives qui ont mérité le patronage soit de l'Académie et du Gouvernement, soit des Congrès viticoles et des Commissions départementales, je citerai au premier rang celles faites dans les stations viticoles de Cognac et de Montpellier. Là seulement, en effet, et chez quelques viticulteurs d'élite [1], les intéressés peuvent se renseigner et s'instruire.

Il existe actuellement, à l'école d'agriculture du département de l'Hérault, une école de multiplication et de taille, une collection de cépages et spécialement de vignes américaines, des carrés d'expériences sur les sulfocarbonates et autres insecticides, des essais de submersion et de greffe, une cave pour la préparation et l'étude des vins américains, etc. L'honneur de cette entreprise revient au Conseil général de l'Hérault qui, de concert avec l'Etat, a contribué de

---

[1] Je citerai MM. Faucon, Marès, Bazilles, Vialla, Fabre, Bouscarens, Boiteau, Falières, de La Vergne, Laliman, de Laâge de Saluces, baron Thénard, Allies, Sabaté, etc.

ses deniers au développement de cette utile création. D'autre part, le haut commerce de Cognac, justement préoccupé des progrès du phylloxera, a pris, en 1874, l'initiative d'une souscription en vue de faciliter les recherches et les travaux des délégués de l'Académie. Le rapport présenté à l'Académie, au commencement de 1876, par MM. Cornu et Mouillefert, est, au point de vue des insecticides, un résumé à peu près complet que devront consulter tous les viticulteurs désireux d'opérer avec quelque chance de succès et d'éviter les tâtonnements coûteux et les dépenses inutiles. De son côté, dès 1874, M. Balbiani avait fait des recherches sur l'action du coaltar ou goudron de houille dans le traitement des vignes phylloxerées ; ces recherches, continuées par M. Rommier, délégué de l'Académie, ont confirmé les bons résultats obtenus par M. Petit, de Nîmes. Dernièrement enfin, le savant professeur a proposé, en vue de détruire l'œuf d'hiver, un traitement préventif peu coûteux et d'une exécution facile, sur l'emploi duquel j'insisterai en temps et lieu.

Jusqu'à présent, la multiplicité des méthodes proposées a été plutôt nuisible qu'utile. Pour arriver à des conclusions nettes et précises, autant que pour éviter les détails superflus, il importe d'éliminer tous les procédés dont la prétendue efficacité ne saurait se concilier avec ce que nous savons de la nature contagieuse et parasitaire de la nouvelle maladie de la vigne.

Et d'abord, on ne saurait trop le répéter, tout traitement qui n'a pas pour effet de tuer le phylloxera ne peut amener la guérison de la vigne. Les engrais retardent parfois l'issue fatale, mais, employés seuls, ils n'ont qu'une action momentanée. Ils jouent au contraire un rôle important dans la convalescence de la plante. La culture des plantes intercalaires (valériane, chanvre datura, etc.) n'a jamais rien produit. Le phylloxera est *monophage*, ainsi que l'ont montré les expériences de MM. Balbiani, Planchon et Cornu. Si accidentellement, certaines cultures intersticielles ont paru amener une amélioration dans les vignobles malades, c'est seulement à raison de l'affermissement du sol qui en était la conséquence pour ainsi dire mécanique. Cet affermissement obtenu soit artificiellement, soit par gazonnement, a même été proposé comme remède par M. H. Marès [1], qui a démontré que le système actuel de culture de la vigne, en ameublissant le sol, facilite les progrès du phylloxera. Ce n'est encore là, on le comprend, qu'un palliatif, et l'on doit porter le même jugement sur l'ensablement qui, lorsqu'il n'est pas impraticable, a de plus le grand désavantage de ne fournir à la plante qu'un sol artificiel, trop pauvre en principes nutritifs. Les effets que certains expérimen-

---

[1] Extrait des comptes-rendus de l'Académie des sciences 24 avril 1876.

tateurs ont attribué à la suie, au plâtre, et à d'autres substances neutres sont également des effets mécaniques sans efficacité réelle.

En résumé, d'après l'Académie [1], il n'y a que deux choses à faire : détruire les colonies souterraines par l'emploi des insecticides ou par la submersion, lorsqu'elle est possible ; détruire les œufs des insectes ailés et surtout l'œuf d'hiver par l'échaudement, ou mieux par le badigeonnage des ceps à l'aide des mêmes insecticides.

Les résultats obtenus par M. Faucon [2] à l'aide de la submersion complète et prolongée pendant quarante à cinquante jours au moins, comptent parmi les plus sérieux et n'ont été contestés par aucun de ceux qui ont visité les vignobles de l'habile et intelligent viticulteur. Le vignoble des Mas de Fabre a produit :

En 1867, année d'avant l'invasion du phylloxera.	925 hectol.
En 1868, première année de l'invasion, vignes fumées, non submergées	40 —
En 1869, deuxième année de l'invasion, vignes fumées, non submergées	35 —
En 1870, première année de la submersion sans engrais	120 —
En 1871, deuxième année de la submersion sans engrais	450 —
En 1872, troisième année de la submersion avec engrais	849 —
En 1873, quatrième année de la submersion avec engrais	736 —

Pendant cette dernière année les vignes ont été en partie gelées.

En 1875, sixième année de la submersion avec engrais	2,480 —

Ainsi, bien que chaque année de nouvelles colonies d'insectes lui soient envoyées par les voisins, et malgré l'œuf d'hiver qui échappe à la submersion, M. Faucon a réussi à sauver ses vignobles ; mais il est évident qu'il sera forcé de recourir à ce procédé aussi longtemps qu'il aura à redouter la contagion des vignobles voisins et de l'œuf d'hiver.

On s'est demandé si un pareil régime ne deviendrait pas à la

[1] Voir notamment « l'*Instruction pratique sur les moyens à employer pour combattre le phylloxera et spécialement pendant l'hiver.* » (Extraits des comptes-rendus de l'Académie des sciences, 17 janvier 1876).

[2] *Mémoire sur la maladie de la vigne et sur son traitement par le procédé de la submersion*, par M. Louis Faucon. 1874 (Extraits des Mémoires présentés par divers savants à l'Académie des sciences.)

longue nuisible à la vigne. L'exemple des vignes de Crimée [1] qui, chaque année depuis des siècles, sont inondées non-seulement pendant l'hiver, mais dès la fin des vendanges jusqu'à la floraison, c'est-à-dire de la fin d'octobre au mois de juin, semble prouver le contraire. Les simples arrosages, si copieux qu'ils soient, n'ont jamais produit d'effet. C'est ce que faisaient prévoir les expériences de MM. Balbiani et Planchon. Le phylloxera adulte périt dans l'eau au bout de vingt-quatre heures, mais les œufs et les jeunes peuvent y vivre quinze jours et plus. Est-il nécessaire d'ajouter que dans la submersion, l'eau agit comme insecticide ?

La submersion prolongée est donc efficace, mais combien de vignes qui ne peuvent être submergées qu'à grands frais, combien d'autres qui ne pourront jamais l'être ! Un ingénieur, M. Dumont, a proposé la construction d'un canal de dérivation du Rhône [2], entreprise qui a déjà obtenu les encouragements, du Gouvernement et de l'Académie. Ce canal coûtera plus de cent millions et quatre ou cinq ans de travail. On évalue à 50,000 hectares les terres qui pourront être irriguées et à 80,000 hectares les vignes qui pourront être submergées. Malheureusement, il faut bien le dire, cinq départements seulement seront appelés à profiter d'une dépense aussi considérable, et les vignes du midi auront peut-être disparu avant la fin des travaux.

Une des erreurs les plus communes est de croire qu'on n'a pas encore trouvé de substance capable de tuer le phylloxera. Le nombre de ces substances est considérable, mais l'emploi n'en est souvent ni assez facile ni assez économique pour les faire entrer dans la pratique, agricole ; il faut en effet que les insecticides réunissent des conditions presque idéales ; ils doivent être peu coûteux, d'une manipulation facile, exiger peu de main-d'œuvre, pénétrer facilement jusqu'à une profondeur déterminée de manière à atteindre toutes les racines ; ils doivent surtout se décomposer lentement de manière que l'action des gaz délétères qui constituent leur efficacité soit suffisamment prolongée ; ils doivent être inaltérables aux composés minéraux si complexes qu'on trouve dans les différents sols ; il faut enfin que, tout en étant toxiques pour le phylloxera, ils soient inoffensifs pour la vigne.

En ce qui concerne les insecticides, les mieux connus et aussi les plus efficaces sont le sulfure de carbone [3], les sulfo-carbonates

---

[1] Voir le *Journal officiel* du 8 mars 1875.

[2] D'après la communication de M. de Lesseps à l'Académie (séance du 27 décembre 1876), les dépenses sont évaluées à 110 millions.

[3] Pour l'emploi du sulfure de carbone, consulter la brochure de M. P. Rohart. (*État de la question, phylloxera*), inventeur du procédé, qui a été essayé

préconisés dès 1874 par l'éminent secrétaire perpétuel de l'Académie des sciences [1], et le coaltar ou goudron de houille [2]. Les procédés varient, quant à l'application ; le principe lui-même ne varie pas, Il s'agit de détruire à l'aide de vapeurs toxiques lentement dégagées, les colonies souterraines et les œufs des insectes aptères avant l'apparition des générations ailées. On a attribué une action insecticide à d'autres subtances. Parmi celles qui paraissent avoir réussi en grande culture, on peut citer les schistes bitumineux employés en poudre, d'après la méthode de M. l'abbé Chevalier, de Lyon. Ces schistes se rapprochent d'ailleurs, comme composition, de la terre *ampélite* dont les Grecs, du temps de Strabon, faisaient déjà usage contre certains parasites de la vigne.

En exposant les découvertes de M. Balbiani sur les phylloxeras sexués et l'œuf d'hiver, j'ai insisté sur leur importance pratique, autant que scientifique. Les particularités physiologiques, signalées par l'éminent professeur, devenaient en effet, dans sa pensée, le point de départ de tout un nouveau mode de traitement. La destruction des colonies souterraines est insuffisante pour la guérison des vignobles, si l'œuf d'hiver est pondu et arrive à maturité. La destruction de l'œuf d'hiver au contraire peut, dans une certaine mesure, tenir lieu de tout autre traitement. M. Balbiani, avec la réserve qui convient à l'homme de science, n'a jamais affirmé que par ce traitement on arriverait du premier coup et dans une seule campagne à la guérison des vignes phylloxerées ; mais il croit à son efficacité pour préserver les vignobles situés dans le rayon d'infection du fléau [3]. Il lui paraît même très-probable que, grâce à ce traitement, les

chez M. de Laåge de Saluces. Consulter aussi la communication de M. de La Vergne, compte-rendu de l'Académie des sciences, 18 décembre 1876, ainsi que le mémoire de M. Dumas, cité ci-dessous.

[1] *Mémoire sur les moyens de combattre l'invasion du phylloxera*, par M. Dumas, 1874. — Du même, *Communications relatives à la destruction du phylloxera par l'action des sulfo-carbonates et autres insecticides.* (Comptes-rendus de l'Académie des sciences, 1874, 1875, 1876)

Commission du phylloxera. (Séance du 17 janvier 1876), *Instruction pratique sur les moyens à employer pour combattre le phylloxera, et spécialement en hiver. — Compte-rendu des expériences faites à Montpellier, à Cognac, à Mancey* (Saône-et-Loire), *à Mézel* (Puy-de-Dôme), *à Marseille*, etc. (Académie des sciences, 1874, 1875, 1876.) *Le Phylloxera. Moyens proposés pour le combattre*, par Mouillefert, chargé du cours de sylviculture de Guignon, délégué de l'Académie et du ministère de l'agriculture, 1876.

[2] *Recherches sur l'action du coaltar dans le traitement des vignes phylloxerées*, par M. Balbiani, professeur au collége de France. 1874. — *Notes diverses sur le même objet*, par M. Alphonse Rommier, délégué de l'Académie, 1875-1876. — *Note sur la composition et les propriétés physiologiques du goudron de houille*, par M. Dumas, 1875.

[3] Vingt à vingt-cinq kilomètres environ.

colonies souterraines épuisées par la génération exclusivement parthénogénésique, finiront par s'éteindre d'elles-mêmes. Dans tous les cas, il paraît dès à présent certain qu'une vigne soumise au traitement préventif sera en mesure de lutter et de vivre en tolérance avec les quelques phylloxeras dégénérés qui subsisteraient sur ses racines.

Comme tous les produits empyreumatiques et mieux que beaucoup d'entre eux, la coaltar ou goudron de houille émet des vapeurs toxiques du germe de l'œuf [1]. La seule difficulté était de découvrir la substance qui, additionnée au goudron, en assurerait la pénétration dans toutes les anfractuosités et les replis de l'écorce de la vigne sans compromettre l'existence même de la plante. Le mélange proposé en dernier lieu par M. Balbiani, se compose de goudron additionné d'un dixième d'huile lourde. De leur côté, MM. Boiteau [2] et Mouillefert [3] ont essayé avec succès, le premier, l'huile lourde mélangée à l'eau, le second le décorticage des ceps et leur badigeonnage avec une solution de sulfo-carbonate. Remarquons enfin que ces traitements, à raison de leur simplicité et de leur économie, sont à présent les seuls qu'il ne soit pas impossible de généraliser et de prescrire par mesure administrative. Cet aspect de la question, sur lequel j'aurai occasion de revenir, a une importance exceptionnelle. Il est évident en effet que, dans une maladie contagieuse comme le phylloxera, les efforts isolés sont forcément stériles et qu'à défaut d'une entente commune de la part des intéressés, le mal ne peut être vaincu que par des mesures générales et obligatoires [4].

Il est impossible de traiter la question du phylloxera, sans dire un mot des vignes américaines [5]. La solution par le greffage ou par

---

[1] *Recherches sur l'action du coaltar dans le traitement des vignes phylloxerées,* par M. Balbiani, 1874. — *Recherches sur la structure et la vitalité des œufs du phylloxera,* par le même, 1876.

[2] D'après M. Boiteau et M. de La Vergne le prix de revient des badigeonnages ne dépasserait pas 30 fr. par hectare. Il est évident, d'ailleurs, que le prix de revient varie selon le nombre de ceps à l'hectare et la cherté plus ou moins grande de la main d'œuvre. (Voir la brochure déjà citée de M. Boiteau et la communication de M. de La Vergne, du 18 décembre 1876.)

[3] Communication de M. Mouillefert, du 18 décembre 1876.

[4] Le rendement moyen à l'hectare, d'après la statistique de 1872, est de 22 hectolitres 50; le prix de l'hectolitre de 28 fr. 98. On voit qu'il y a bien peu de vignes, qui ne puissent supporter une dépense de 30 fr. par hectare, alors que le revenu moyen brut dépasse 650 francs.

[5] *Le phylloxera en Europe et en Amérique,* par J. E. Planchon, 1874. — *Note sur les vins faits avec des cépages américains,* par M. Pasteur, 1874. — *Étude sur les vignes d'origine américaine qui résistent au phylloxera,* par M. Millardet, délégué de l'Académie, 1874. — *Étude d'analyse comparative sur la vigne saine et sur la vigne phylloxérée,* par M. Boutin, délégué de l'Académie des

les plantations de ceps américains est en effet à la mode, non-seulement dans les départements du Midi, mais même au Sénat et à la Chambre; je ne dis pas à l'Académie ni dans le monde savant.

On peut acclimater en Europe les vignes américaines et personne ne conteste leur résistance relative au phylloxera. Mais que deviendront les deux millions d'hectares de vignes françaises encore indemnes si les cépages américains entretiennent indéfiniment chez nous la désastreuse fécondité du phylloxera? Chaque pied de vigne sera désormais un foyer de contagion permanent. N'est-ce pas donner au phylloxera le droit de cité et renoncer à la lutte? N'est-ce pas de plus, un inconnu redoutable? Non-seulement les vignes américaines ne produisent que des vins médiocres qui ne peuvent soutenir la comparaison, je ne dis pas avec les vins de Bordeaux et de Bourgogne, mais avec les gros vins du Midi; mais nous ne savons pas encore quelles sont les modifications que le climat et le sol peuvent apporter à leur résistance au phylloxera [1]. Les greffes de vignes françaises réussiront-elles? n'auront-elles pas pour effet certain de modifier le bouquet si délicat qui assure la prééminence de nos vins sur les marchés du monde entier? La réponse à faire à ces diverses questions est au moins douteuse et, ce qui est plus grave, nous ne savons pas davantage quels nouveaux ennemis nous risquons d'introduire chez nous au détriment de notre agriculture nationale. M. Planchon lui-même, tant favorable qu'il soit à l'introduction des vignes américaines, a énuméré les maladies inconnues en Europe, que M Riley, savant américain, a signalées dans ses rapports entomologiques au gouvernement de l'Union. C'est un cryptogame, le *rot* (pourriture), « la plus redoutée « des maladies de la vigne en Amérique, vrai fléau tombant tout « d'un coup sur la récolte, sur les grappes pleines de vie et détrui-

sciences, 1876. — Notes de voyage. *Le phylloxera*, par MM. Princeteau et Ramat. — *Comment on peut guérir les vignes malades et préserver celles qui ne sont pas encore attaquées*, par M. A. Fabre, ancien député, 1876. — *Considérations sur l'état actuel de la maladie de la vigne dans le département de l'Hérault*, par B. Cauvy, professeur à l'école de pharmacie de Montpellier, 1876. — *Conservation des vignobles par la rhizoplastie ou adjonction de racines américaines*, par Gachassin Laffitte, 1876, etc., etc. *Rapports aux conseils généraux et aux commissions des départements phylloxérés. Compte-rendu du congrès international agricole de Bordeaux*, 1876. — *Procès-verbaux du congrès interdépartemental de Montpellier*, 1876. — *Rapport fait au nom de la Commission chargé de présenter au Sénat les mesures législatives, relatives aux ravages du phylloxera*. Journal officiel du 9 novembre 1876, etc., etc.

[1] M. Bouscarens, viticulteur expérimenté, a présenté au dernier congrès de Montpellier des sarments de *Concords*, de *Clintons* et de *Cunninghams* qui avaient succombé dans ses vignobles.

« sant en un jour les espérances de l'année. C'est le *mildew*, nom
« sous lequel deux parasites, dont un, l'oïdium, nous est déjà venu
« par importation américaine, sont confondus par les viticulteurs
« d'outre-mer. » L'autre le *Peronospora viticola* appartient au
même genre que le champignon qui pendant plusieurs années a
dévasté nos champs de pommes de terre. « Si la culture des vignes
« américaines se répand, écrit M. Cornu [1], si l'introduction de ces
« cépages se fait en grand, on voit quels risques on peut faire
« courir aux nouveaux vignobles. La maladie nouvelle pourra se
« se répandre parmi eux et décimer les ceps plantés et introduits à
« grands frais [2]. Ce qu'il y a de plus terrible, c'est que le champi-
« gnon n'est point superficiel comme l'oïdium ; il occupe le végétal
« entier et y reste à demeure affaiblissant et fatiguant sans cesse la
« plante nourricière ; il s'y dérobe et s'y cache. En un mot il n'est
« pas externe et annuel comme l'oïdium ; il est interne et vivace. »

M. Cornu n'est pas le seul à regarder l'introduction inconsi-
dérée de cépages américains nouveaux comme de nature à compromettre nos vignobles. Qui sait, en effet, si ce *Peronospora* n'attaquera
pas les autres espèces du genre *vitis*, et même les solanées qui
comme la pomme de terre, entrent pour une si large part dans l'ali-
mentation publique ?

Dans ces conditions, on ne peut s'étonner que la commission de
l'Académie ait tenu à déclarer « qu'elle n'a jamais désespéré des
vignes françaises » et qu'elle ait insisté, à plusieurs reprises, sur la
nécessité de réglementer le transport et la circulation des ceps américains. L'intérêt général, en effet, ne saurait être sacrifié aux intérêts
des départements phylloxerés, alors même qu'il serait démontré, ce
qui n'est pas, que dans ces départements la maladie est inguéris-
sable [3].

Tel est, d'après les documents les plus dignes de foi, le résumé,

---

[1] M. Cornu, mémoire déjà cité, p. 35.

[2] D'après les calculs de M. Rohart, pour une propriété déjà plantée en
vignes, d'une valeur de 300,000 francs, l'introduction des vignes américaines
coûterait 60,000 francs, soit une augmentation de capital de 20 0/0. Ouvrage
déjà cité, p. 42.

[3] Un décret du 30 mars 1875 interdit l'entrée et le transit des pommes de
terre provenant des Etats-Unis d'Amérique et du Canada. Cette sage pré-
caution est destinée à nous mettre à l'abri de *l'insecte du Colorado*, autre
parasite, venimeux pour l'homme et qui cause des ravages considérables
dans les cultures de pommes de terre du Nouveau-Monde. — Des décrets,
dont j'aurai ultérieurement l'occasion de parler, interdisent également les
importations de vignes dans notre colonie d'Afrique. Ces mesures provoquées
par des délibérations de l'Académie, nous indiquent la voie dans laquelle il
faudrait entrer pour prévenir de nouveaux progrès du phylloxera.

sinon complet, du moins aussi exact que possible, des travaux scientifiques et des essais continués depuis dix ans en vue de combattre le
phylloxera. Si je me suis longuement étendu sur l'histoire naturelle
de la nouvelle maladie de la vigne, plus encore que sur les insecticides et sur les autres procédés proposés pour la combattre, c'est
que la question scientifique domine entièrement, à mon sens, la
question administrative et financière. On ne peut séparer l'une de
l'autre sans s'exposer à de graves erreurs et à de coûteux mécomptes.
Le problème, en effet, se pose avec une effrayante simplicité, si les
propositions ci-dessous ont pour le lecteur la netteté et la certitude
qu'elles ont, je ne dis pas pour moi, mais pour les autorités scientifiques dont je leur ai cité le témoignage :

L'évolution du phylloxera est actuellement parfaitement connue ; il
est l'unique cause de la nouvelle maladie de la vigne, et ne disparaîtra
pas de lui-même.

Toute vigne atteinte est une vigne tuée, si le phylloxera lui-même
n'est pas détruit. La marche du fléau a ses lois ; elle suit une progression mathématique, et l'on peut prévoir, d'une manière certaine,
l'époque où notre production nationale sera atteinte dans des proportions qui constitueront un véritable désastre agricole et financier.

Comme compensation à ces tristes pronostics, constatons que nous
possédons, dès aujourd'hui, plusieurs moyens certains de prévenir et
de détruire le phylloxera. On pourra les rendre moins coûteux et plus
pratiques ; on n'en trouvera pas de plus efficaces.

Il me reste à exposer comment, par suite des conditions économiques de la production viticole et du mécanisme de l'impôt,
cette atteinte profonde à la richesse publique ne se traduit et ne
se traduira, pendant un certain temps encore, que par des ruines
partielles qui passent inaperçues au milieu de la prospérité générale. De là des illusions funestes, même dans les régions administratives et parlementaires. C'est là le nœud de la question et
le point qu'il s'agit de mettre en lumière. En regard de cette ignorance dangereuse, je ne dis pas de cette indifférence, les voies et
moyens n'ont qu'une importance secondaire. Néanmoins j'essaierai
d'indiquer les mesures administratives et législatives à prendre
ainsi que les sources de revenus auxquelles il faut s'adresser pour
réunir les millions qui sont dès à présent nécessaires pour lutter
efficacement contre le phylloxera.

On vient de voir le rôle considérable joué par les savants dans
les recherches dont la nouvelle maladie de la vigne a été l'objet.
Il est triste de dire que jusqu'à ce jour, ils n'ont conquis à ce labeur

ni les honneurs, ni même cette part de la reconnaissance publique
qui leur était due dans un pays civilisé et généreux comme la France.
Le plus éminent d'entre eux a pu écrire dans une lettre rendue
publique [1] : L'Académie « aurait voulu trouver quelques sympathies
« dans le Midi et dans les pays atteints ; elles lui ont été refusées ;
« mais elle n'en poursuivra pas moins sa tâche. Elle sait que son
« œuvre est à la fois un devoir pour elle et un grand service à rendre
« au pays : elle ne l'abandonnera pas. »

II

LE BUDGET

I

Dans une circonstance récente [2], M. le ministre de l'agriculture
constatait qu'il n'y a ni petits mécomptes ni progrès insignifiants
en agriculture : « On opère sur des quantités si considérables, sur
« des surfaces si étendues, que le moindre pas en avant ou en
« arrière produit des plus value ou des pertes qui se chiffrent par
« dizaines et par centaines de millions. » Que sera-ce lorsqu'il
s'agit d'un fléan dont l'intensité est d'autant plus grande que la
culture dont il fait sa victime est peut-être le plus beau fleuron de
notre couronne agricole !

Tous les renseignements statistiques confirment cette apprécia-
tion. La France possède actuellement plus de 2,400,000 hectares
plantés en vignes, et la moyenne des récoltes des dix dernières
années n'est pas inférieure à 57 millions d'hectolitres. La récolte de
1872 s'est élevée à 55 millions d'hectolitres, celle de 1874 à 63 millions, celle de 1875 à 83 millions !

En 1872, la valeur brute de la récolte est évaluée à 1 milliard
591,000 francs, soit à 4 0/0 [3], un capital de près de 40 milliards.

---

[1] Lettre de M. Dumas, secrétaire perpétuel de l'Académie des sciences, à
M. E. Falières, à Libourne.

[2] Discours prononcé par le ministre de l'agriculture et du commerce à
l'inauguration de l'Institut agronomique, 1876.

[3] La statistique de 1862 donne pour taux moyen de capitalisation du
revenu des vignobles 3,70 à 3,92 0/0. Le calcul du capital à 4 0/0 est donc
plutôt au-dessous de la vérité.

Les impôts indirects, perçus *sur les vins exclusivement*, s'élèvent en 1875 :

Au profit de l'Etat, à.	175,000,000	» [1]
Au profit des communes (octrois et surtaxes), à.	66,600,000	»
Total. . .	241,600,000	»

Enfin nos exportations de vins de toute espèce représentent : en 1872, 273 millions, en 1873, 281 millions de francs. Ces chiffres ont une éloquence qui rend tout commentaire superflu ; ils révèlent, au premier coup d'œil, la gravité de la secousse économique et financière, suite inévitable d'un déficit, toujours croissant, de la production vinicole.

Et cependant, tandis que les savants annoncent, à bref délai, la disparition probable de nos cépages européens, si on ne prend pas des mesures énergiques contre le phylloxera, les administrateurs, comme la masse du public, paraissent disposés à croire que tout au moins ces craintes sont fort exagérées. Cette divergence d'appréciations ne saurait nous étonner ; les uns posent le problème scientifiquement, et, étant donnée l'évolution connue de la maladie assignent une date fixe au dénouement fatal ; les autres ne voient que les résultats agricoles et financiers. Malgré dix ans de phylloxera la production générale et l'impôt ont été, en 1875, plus prospères que jamais ; comment admettre que la nouvelle maladie de la vigne exercera jamais une influence sérieuse sur l'impôt ? Telles sont les illusions fort excusables, je le reconnais, qu'il importe de dissiper.

I. — Influences diverses qui agissent sur les récoltes.

En étudiant les conditions économiques de la production viticole, on comprend comment des ruines partielles qui, d'après les évaluations les plus modérées, s'étendent sur six cent mille hectares, disparaissent et sont comme noyées au milieu de la prospérité générale.

La production de la vigne est essentiellement variable. Elle est subordonnée non-seulement aux maladies et aux influences atmosphériques, mais aussi au mode de culture, plus encore qu'à l'éten-

---

[1] Le produit total des droits sur les boissons était en 1872 de 289 millions ; en 1874 il atteint 348 millions. Les prévisions du budget de 1877 dépassent 377 millions. Le chiffre que nous avons donné (175 millions) comprend seulement les droits de circulation, d'entrée et de taxe unique.

due des superficies plantées en vignes. Ce dernier élément a cependant son importance. Depuis 1788, il a presque doublé et, de 1862 à 1872, l'augmentation est de plus de cent mille hectares. Mais, pour des surfaces de deux millions et demi d'hectares d'une même culture, le rôle prépondérant appartient aux influences atmosphériques. C'est ainsi que dans le département de l'Yonne, épargné jusqu'à ce jour par le phylloxera, la récolte tombe, de 1 million d'hectolitres en 1871, à 157 mille en 1873 et remonte en 1875, à 2 millions 862 mille. Pour l'ensemble de la France et d'une année à l'autre, les différences de 20 à 25 millions d'hectolitres ne sont pas rares; elles dépassent parfois 45 millions [1]. Dans ces conditions, la diminution produite par le phylloxera qui, dans l'état actuel de la maladie, peut être évaluée à 10 ou 15 millions d'hectolitres, passe nécessairement inaperçue [2].

La récolte de 1875 est de beaucoup la plus forte qui ait jamais été obtenue; mais c'est un leurre, un mirage qui ne rassurera que les observateurs superficiels. Au risque d'exciter quelques sourires je dirai même que le phylloxera n'est peut-être pas étranger à la production excessive de 1875. Aristote n'ignorait pas que moins la vigne produit de feuilles plus elle se couvre de fruits. Toute la culture du précieux arbuste est fondée sur ce principe. La taille n'est autre chose qu'une mutilation raisonnée du système végétatif de la plante, dirigée en vue d'augmenter sa production. Or, dans la première phase de la maladie, le phylloxera ne fait pas autre chose; il taille la vigne A MORT. Avant de paralyser la végétation, il l'active. Dans tous les comptes rendus faits *de visu*, on trouve l'expression de la stupeur des observateurs qui rencontrent une vigne morte là, où l'année précédente la récolte avait été normale. D'un autre côté, il paraît démontré qu'à la suite des mauvaises récoltes de 1872 et

[1] Nous empruntons au *Moniteur viticole* du 26 février 1876 les chiffres ci-dessous :

1865	récolte totale	68,924,000	hectolitres.
1867	—	38,869,000	—
1869	—	71,375,000	—
1871	—	57,084,000	—
1873	—	35,769,000	—
1874	—	63,146,000	—
1875	—	83,632,900	—

Ce dernier chiffre est le plus élevé qui ait jamais été obtenu. La récolte de 1876, d'après les appréciations les plus dignes de foi, ne serait au contraire que de 45,000,000 d'hectolitres.

[2] Dans un rapport présenté au conseil général de la Charente (29 octobre 1875), M. Lajennie, après enquête dans les départements du Midi, arrive au chiffre de 10 millions.

1873 les vignerons ont beaucoup « chargé » la vigne, surtout en Bourgogne et dans les pays phylloxerés.

Directement et indirectement, le phylloxera a donc travaillé à augmenter la récolte de 1875. La récolte de 1876 (45 millions seulement), inférieure de 38 millions à celle de 1875, paraît être la première sur laquelle l'action désastreuse du parasite se soit fait sentir d'une manière appréciable, au point de vue général.

II. — Mécanisme de l'impôt.

Ce qui vient d'être dit de la production viticole me dispenserait presque d'examiner comment le rendement de l'impôt sur les boissons n'a pas diminué sous l'influence de la nouvelle maladie de la vigne. La France produit, suivant les années, deux ou trois fois plus de vin qu'elle n'en consomme et nous avons toujours un stock de matière imposable, fort difficile à évaluer, mais qui n'est certainement pas inférieur au triple et peut-être au quadruple de la consommation annuelle. Dans les départements phylloxerés, les produits de l'enregistrement ont déjà baissé par suite de la dépréciation des propriétés plantées en vignes [1], tandis que les recettes des contributions indirectes n'ont pas cessé d'augmenter. Il est facile de démontrer qu'il ne saurait en être autrement. Ce dernier impôt pèse essentiellement sur la consommation et il ressent le contre-coup de toutes les influences qui l'activent ou la restreignent. Cette influence est prépondérante ; mais par le mécanisme même de l'impôt, il s'établit entre les droits de circulation (droits sur les quantités) et de détail (droits *ad valorem*), une sorte de compensation qui maintient l'équilibre aussi longtemps que cet équilibre n'est pas violemment rompu. On verra donc le rendement de ces droits diminuer à raison du malaise de l'agriculture, du commerce ou de l'industrie bien avant que la matière imposable leur fasse réellement défaut à la suite d'une série de récoltes telles que l'oïdium nous en a déjà faites et que le phylloxera nous en prépare.

Le peu d'importance relative des fluctuations que subissent les quantités annuellement atteintes par l'impôt, alors que les chiffres de la récolte augmentent ou diminuent dans des proportions con-

---

[1] Dans le Midi, des terres qui se vendaient sur le pied de 8,000 francs l'hectare sont maintenant offertes à 800 francs. Dans la Gironde même, un grand crû, rival du château Yquem, estimé autrefois 1 million, vient, m'assure-t-on, d'être vendu pour moins de 500 mille francs.

sidérables, donne à ces prévisions toute la rigueur d'une démonstration.

Pour la période antérieure à 1875 [1], la récolte maximum, 1869, s'élève à :   70,000,000 hectol. ;

les quantités atteintes par l'impôt à :   28,000,000 hect.

En 1873, récolte minimum de cette même période : 35,715,000 — ;

les quantités atteintes par l'impôt restent sensiblem[t] les mêmes : 27,997,000 —

En 1872, récolte moyenne : 50,154,000 — ;

les quantités atteintes par l'impôt sont de : 28,511,000 —

En 1874, très-bonne récolte : 63,146,000 — ;

les quantités atteintes par l'imp. descend[t] à : 24,612,000 —

En 1875 enfin, nous trouvons la plus forte récolte que nous ayons jamais eue : 83,000,000 — ;

les quantités atteintes par l'impôt s'élèvent à : 29,000,000 —

Cette augmentation exceptionnelle de 4 millions 400,000 hectolitres, en 1875, est due exclusivement à l'application des mesures votées par l'Assemblée nationale en vue de combattre la fraude [2] ; aussi sommes-nous en droit d'affirmer, d'une manière générale, que la récolte peut varier, d'une année à l'autre, de plus de 30 millions d'hectolitres, sans que les quantités soumises à l'impôt augmentent ou diminuent dans une proportion sensible. Presque toujours même, les diminutions correspondent à une augmentation de récolte. Ce

---

[1] Ces chiffres sont extraits des *Annales du commerce extérieur* (*Exposé comparatif pour les quinze années de la période* 1860-1874).

[2] D'après les renseignements fournis à la Chambre, à l'occasion du budget de 1877, les inventaires dressés chez les débitants des villes soumises à la taxe unique (loi du 9 juin 1875) ont produit. 3,800,000
La loi du 2 juin 1875 et les mesures administratives. . . 2,035,000

       Total. . . . 5,835,000

On voit, d'après ces chiffres, que l'augmentation de 1875 tient à des causes exceptionnelles et non à la récolte.

phénomène, singulier au premier abord, n'a cependant rien qui doive nous surprendre. La différence entre ces deux chiffres représente non-seulement les exportations, le stock en magasin, les quantités livrées à l'alambic ou converties en vinaigre, mais aussi, pour un très-gros chiffre, les quantités consommées en franchise par le propriétaire récoltant ou livrées en fraude à la consommation locale. Dans les conditions économiques où se trouve la France au point de vue de la production vinicole, une très-bonne récolte, en facilitant la consommation en franchise ou en fraude, doit exercer une action défavorable sur les produits de l'impôt des boissons. J'irai même plus loin et je ne crains pas d'affirmer que la destruction des vignes localisée dans certaines régions, amène forcément une augmentation dans le rendement de l'impôt. En effet, dans les pays de production où le vin est la boisson normale, le propriétaire récoltant ne cesse jamais de consommer, mais il ne commence à payer les droits que le jour où il est forcé de s'approvisionner au dehors [1].

Le produit de l'impôt doit donc s'accroître dans les départements envahis par le phylloxera, en suivant une échelle progressive, jusqu'au moment où la consommation elle-même se trouvera atteinte dans une proportion donnée, à raison de la gêne produite par les pertes locales et de la cherté croissante des vins.

III. — CONSÉQUENCES ÉCONOMIQUES ET FINANCIÈRES
DE LA NOUVELLE MALADIE DE LA VIGNE.

Si l'action de la maladie sur la production générale et par suite sur le rendement de l'impôt est lente à se produire, elle n'est pas moins certaine. Elle passera inaperçue pendant un certain temps; mais si les illusions ne tombent que le jour où il ne sera plus possible de les conserver, il sera trop tard pour agir, et nous assisterons à une panique commerciale, administrative et financière qui ne sera que trop justifiée.

A ce point de vue, il n'est pas sans intérêt de profiter des enseignements du passé et de rechercher quelle a été l'influence de l'oïdium sur la production viticole et le rendement de l'impôt. D'après ce qui a été dit précédemment en traitant la question d'histoire naturelle, nous pouvons affirmer, malheureusement sans crainte

---

[1] Cette observation ne s'applique pas seulement au droit de circulation, mais aussi au droit d'entrée. L'article 17 du décret de 1852 accorde au propriétaire récoltant une déduction de 10 0/0 dont il cesse de jouir lorsqu'il s'approvisionne au dehors.

de nous tromper, que l'action du parasite animal est moins prompte, mais bien autrement funeste que celle du parasite végétal.

En 1846, la superficie plantée en vignes était de deux millions d'hectares. En 1847, la récolte dépasse 54 millions d'hectolitres; sous l'influence de l'oïdium,

Quantités de vins soumises
à l'impôt.

elle descend : en 1851 à 39 millions hectol. 18,052,000 hect.

en 1852 à 28 millions 17,263,000

en 1853 à 23 millions 14,803,000

en 1854 à 10 millions 11,247,000

en 1855 à 15 millions 8,938,000

En 1858, le mal est définitivement enrayé par la pratique du soufrage, et seulement alors on retrouve un chiffre de production (45 millions) qui se rapproche de celui de 1847. En même temps les quantités soumises à l'impôt se relèvent à 16,272,000 hect.

Comment admettre qu'avec un mode de propagation bien autrement puissant, et en l'absence d'un remède sinon efficace, du moins complétement économique et universellement applicable, le phylloxera n'est pas appelé à produire un bien autre désastre?

Les craintes manifestées à cet égard sont-elles exagérées? Pour nous, les pronostics de la science sont les seuls auxquels on puisse se fier; nous avons dit pourquoi. Les chiffres suivants dissiperont les doutes qui pourraient encore subsister dans quelques esprits.

Dans une conférence qu'il a faite devant la commission départementale du Loiret, au mois d'octobre dernier, M. Mouillefert, délégué du Ministre de l'Agriculture et du Commerce, estimait qu'à l'heure actuelle « un tiers de la production viticole de la France est atteint : 300 mille hectares sont détruits, 500 mille sont envahis. » Ces chiffres, s'ils ne sont pas absolument exacts, sont malheureusement très-près de la vérité; il est même probable qu'ils seront largement dépassés dès l'année prochaine, si l'on songe aux progrès latents effectués par la maladie en 1876, et qui ne seront visibles qu'au printemps de 1877. Aussi, pour rendre la triste vérité plus palpable, paraît-il préférable d'observer la marche du fléau dans certains départements ou même dans certaines communes.

Vingt-cinq départements sont actuellement envahis par le phylloxera. Ils représentent ensemble 1,313,000 hectares plantés en vigne, soit plus de la moitié de la surface totale cultivée dans notre pays. Bien évidemment, ces départements ne sont pas atteints dans toutes leurs parties, mais ce n'est là qu'une question de temps, toujours dans l'hypothèse, trop réelle jusqu'à présent, où l'on ne parviendrait pas à enrayer la marche du fléau. Dans Vaucluse, presque toutes les vignes sont arrachées; il est actuellement impossible au voyageur de soupçonner que la route d'Orange à Valréas, par exemple, traversait, il y a peu d'années, sur un parcours de 40 kilomètres, des vignobles d'une richesse incomparable. Dans l'Hérault, sur 220,000 hectares de vignes « la moitié au moins est attaquée [1]. » Dans ce même département, la commune de Castries récoltait annuellement 150,000 hectolitres; un an après l'invasion la récolte n'était plus que de 12,000 hectolitres, et la troisième année elle ne fournissait pas, disent les habitants du pays, « le vin nécessaire pour dire la messe. »

Dans le Gard, sur 112,967 hectares, 86,306 sont absolument détruits; le reste est attaqué.

Aussi la récolte descend-elle, dans le Gard, de 2,365,000 hectolitres, en 1872, à 943,000 en 1875 : dans l'Hérault, de 14,929,000 hectolitres à 9,423,000 hectolitres; et cependant, la récolte de 1875 a été exceptionnelle, par toute la France, comme quantité, sinon comme qualité.

Ces résultats sont tristes, ils le deviennent bien davantage si on les envisage, non plus dans l'ensemble, mais sur certains points déterminés. Je prendrai pour exemple, parmi beaucoup d'autres, quelques communes des départements du Gard et de l'Hérault.

COMMUNES DU GARD	RENDEMENT DE LA RÉCOLTE			
	Années qui ont précédé l'apparition du phylloxera 1870-71-72	1873	1874	1875
	Hectol.	Hectol.	Hectol.	Hectol.
Nimes	204.000	124.000	42.000	6.000
Saint-Bonnet . . .	2.400	1.400	600	50
Bellegarde	64.000	24.000	8.000	1.600
Marguerittes	53.550	36.000	7.500	1.000
Ledenon	22.150	10.000	2.400	140
Montmirot	11.400	4.000	400	25
Clusensac.	22.500	6.000	250	Néant
Saint-Mamert . . .	21.000	6.000	500	35
Culvisson.	133.000	75.000	12.000	250
Congenies	31.500	10.000	1.200	50
Langlade	28.000	6.000	250	Néant
Nayes	11.100	1.800	150	Néant
Etc., etc.				

[1] Conseil général de l'Hérault, séance du 8 septembre 1876.

COMMUNES DE L'HÉRAULT	RENDEMENT DE LA RÉCOLTE		
	1873	1874	1875
	Hectol.	Hectol.	Hectol.
Clapiers	24.840	6.000	180
Jacou	19.600	7.000	132
Assas	17.400	9.500	450
Teyran.	20.400	8.750	200
Saint-Gely	40.800	14.850	500
Les Matelles.	20.000	8.000	20
Le Triadou	10.500	3.850	20
Lunel	117.200	152.000	49.500

Que seront les chiffres de la prochaine statistique, alors que la production générale est descendue de 83 millions d'hectolitres en 1875, à 45 millions seulement en 1876!

Il paraît inutile de multiplier ces exemples; quand on les a sous les yeux pour un grand nombre de communes, on ne s'étonne plus que dans ces pays désolés il se soit établi un courant d'émigration vers notre colonie d'Afrique [1], et que dans certaines régions on ait plutôt à lutter contre le découragement que contre des illusions sur la gravité de la crise. Il n'en est pas de même dans les départements qui ont échappé au fléau et même dans quelques localités récemment atteintes. Pour le lecteur, cette courte excursion à travers les pays phylloxerés lui aura permis de constater avec quelle logique implacable les faits répondent aux craintes que nous avons exprimées après avoir étudié l'évolution de l'insecte et la marche de la maladie. Depuis dix ans, le fléau n'a reculé nulle part, sauf en Suisse [2], où l'on s'est résigné aux sacrifices nécessaires. Tout nouveau délai représente, à brève échéance, des pertes qui se chiffrent par millions, et l'on peut affirmer qu'à une date plus rapprochée peut-être qu'on ne le pense, notre budget sera mis en déficit par le phylloxera. Que ce soit dans dix ans, dans vingt ans, peu importe. Les gouvernements ont le devoir de regarder plus haut et plus loin. Nous sommes donc bien réellement en présence de ce dilemne : Le phylloxera sera détruit, coûte que coûte, où ce sera la vigne; et avec elle disparaîtraient 175 millions d'impôts.

Ce chiffre est fort au-dessous de la vérité. En effet — et c'est à

---

[1] *Exposé de la situation de l'Algérie* (*Journal Officiel* du 19 décembre 1876.)
[2] A Préguy (Genève), Mülborg (Turgovie), Schmerikon (Saint-Gall), Flürlingen (Zurich) et aussi en France, à Mézel, près Clermont-Ferrand, malgré un échec partiel dont la cause est connue.

dessein — je n'ai tenu compte jusqu'ici que des droits qui pèsent sur les vins [1]; mais il est bien évident que tous les impôts sont solidaires : droits d'enregistrement, patentes, droits de licence [2], droits de navigation, impôts sur la grande et petite vitesse, sans parler du déficit pour ainsi dire normal causé par la misère publique sur toutes les branches de revenu.

IV. — MESURES ADMINISTRATIVES ET LÉGISLATIVES.

En dehors du prix de trois cent mille francs qui n'a pas encore été décerné, les divers crédits votés sur la demande du gouvernement, n'ont trait qu'à l'étude des moyens de résister au phylloxera [3]. Cependant en vue de faciliter et de multiplier les expériences, l'Administration s'est engagée à fournir gratuitement les produits nécessaires au traitement des ceps malades dans tous les cas où

[1] L'industrie des transports est une de celles qui auraient le plus à souffrir de la disparition de la vigne. La compagnie de Paris-Lyon-Méditerranée l'a si bien compris qu'elle a subventionné largement les expériences de M. Marion, professeur à la Faculté des sciences de Marseille. En raison de la garantie consentie par l'Etat en faveur de certains réseaux, le Trésor subirait le contre-coup des pertes infligées aux Compagnies de chemins de fer. Je n'insiste pas sur ce nouveau point de vue de la question qui ne rentre pas absolument dans le cadre restreint de cette étude.

[2] Si je ne parle pas du droit de consommation sur l'alcool, c'est que cet impôt n'aura pas à souffrir de la disparition des vignes, ainsi qu'on pourrait le penser au premier abord. Les quantités de vin livrées à l'alambic varient chaque année, moins d'après la quantité que d'après la qualité de la récolte, et elles peuvent diminuer notablement sans que le Trésor y perde. A défaut des alcools de vins les alcools d'industrie entreraient dans la consommation plus largement qu'aujourd'hui, au plus grand profit sinon de l'hygiène publique, du moins de l'impôt. On sait, en effet, que les bouilleurs de cru consomment en franchise et livrent en fraude de grandes quantités d'eau-de-vie, tandis que les alcools d'industrie ne se consomment jamais en franchise et échappent plus difficilement aux droits. On n'a pas oublié non plus que la perte résultant de la suppression de l'exercice chez les bouilleurs de cru n'a pas été évaluée à moins de 15 millions pour 1877. Il y aurait donc de ce côté des compensations plutôt que des pertes pour le Trésor.

[3] Dans la séance du 24 février 1876, le directeur de l'agriculture a résumé devant la commission supérieure du phylloxera l'emploi de ces crédits. A cette date, l'Académie avait déjà reçu 58,000 fr., la commission départementale de l'Hérault 22,000 fr. Un nouveau crédit de 20,000 fr. sur l'exercice 1876 a été ouvert en faveur de l'École d'agriculture de Montpellier, qui reçoit en outre des subventions importantes des départements de Vaucluse et des Bouches-du-Rhône. Enfin un crédit extraordinaire de 60,000 fr. sur l'exercice 1876 a été accordé au ministère de l'agriculture et du commerce par la loi du 27 novembre 1876.

la présence de l'insecte serait constatée à trente ou quarante kilomètres des localités généralement envahies. »

Dans un autre ordre d'idée les préfets ont été invités à réglementer
la circulation des ceps [1], et plus récemment [2], à provoquer dans
leur département la création d'une commission centrale d'étude et
de vigilance. Enfin, plusieurs décrets, rendus sur la demande du
Gouverneur de l'Algérie, ont prohibé l'importation dans notre
colonie de plants d'arbres fruitiers ou forestiers venants de France [3].
En dehors de ces mesures de police, évidemment insuffisantes [4],
et qui ont néanmoins soulevé de nombreuses réclamations, il n'existe
aucun plan d'ensemble pour s'opposer à l'envahissement des départements épargnés, encore moins pour prendre l'offensive dans les
départements envahis. Aucun doute ne peut cependant subsister sur
la nécessité et la possibilité d'opposer enfin des digues à cette
inondation de nouvelle espèce. En 1874 l'Académie, sur le rapport
de M. Bouley, proposait au gouvernement l'adoption d'une série de
mesures administratives. Dès 1871, le gouvernement suisse était
entré dans cette voie; il nous donnait en 1875 les premiers exemples
de succès. Au prix de sacrifices, dont on ne saurait dissimuler
l'importance relative [5], le phylloxera a été complétement détruit sur
les points isolés où il s'était montré. Ces mesures énergiques ont
préservé d'une ruine certaine les vignobles de la confédération
helvétique [6].

Nous avons eu, en France, des cas identiques d'invasion : à
Mézel (Puy-de-Dôme), à Mancey (Saône-et-Loire), en dernier lieu à
Orléans. Le foyer phylloxérique découvert aux portes d'Orléans, à
plus de deux cents kilomètres des départements envahis, se compose d'une vingtaine de taches, disséminées sur moins de deux

---

[1] Circulaire ministérielle du 28 mai 1874.

[2] Circulaire ministérielle du 6 mars 1876.

[3] La culture de la vigne s'étend actuellement en Algérie sur 20,000 hectares. Les décrets, provoqués par le Gouverneur de l'Algérie, ont été main-
tenus dans leurs principales dispositions sur le rapport de M. Bouley, adopté
par l'Académie à la presque unanimité des voix.

[4] L'Italie a plutôt exagéré ces précautions ; elle a mis l'embargo sur tous
les produits horticoles d'utilité et d'agrément, d'origine belge et française.

[5] A Prégny (Genève) les dépenses se sont élevées, pour 54,340 ceps à environ   11,075   fr.
Les indemnités à   27,440   fr.

Total   58,515   fr. soit presque 0 70 c. par cep.

[6] *Rapport au département de l'Intérieur* par MM. V. Fatio et Demole-Ador,
commissaires du département, Genève 1875. Il résulte d'une communication
faite à l'Académie, le 4 septembre 1876, que le phylloxera n'a pas reparu à
Prégny.

hectares, mais du même coup toute la région, soit environ 200,000 hectares, se trouve menacée [1].

L'autorité locale a compris de suite l'imminence du danger. Un arrêté préfectoral a réglementé la circulation des ceps dans le département et la commission départementale a voté l'arrachage immédiat des vignes phylloxerées, et même des vignes saines dans la zone de contagion. En l'absence d'une loi spéciale, il a suffi du mauvais vouloir de quelques propriétaires [2] pour paralyser ces vœux intelligents. Il était cependant évident qu'il fallait avant le printemps, et à tout prix, ne laisser au fléau aucune chance de se développer et de gagner les vignobles du Cher, de la Touraine et de la Champagne. La commission du Loiret ne s'est pas tenue pour battue. Par ses soins, une pétition, bientôt couverte de plus de cinq mille signatures était adressée dès la fin de novembre au Sénat et à la Chambre des députés. Elle demandait *d'urgence* qu'une loi permit à l'autorité préfectorale, sur l'avis de la commission compétente, de faire traiter et au besoin arracher les vignes, malgré le refus des propriétaires mal éclairés ou mal disposés. Elle laissait d'ailleurs à la sagesse du pouvoir législatif le soin de déterminer « dans quelle proportion une « indemnité serait due aux propriétaires ainsi évincés, et à qui « incomberait la charge de payer cette indemnité ». Les rapports sur cette pétition n'ont pas encore été déposés. Telle est, prise sur le vif, l'histoire d'un département où ne manquent ni les lumières ni la bonne volonté, mais que la législation actuelle laisse à la merci de l'ignorance ou de l'aveuglement de quelques propriétaires de vignes. Jamais la nécessité de l'intervention administrative n'a été mieux démontrée.

Sans doute il est fort difficile de délimiter le périmètre dans lequel on doit procéder à la désinfection de vignes saines en apparence. On est en effet exposé à aller au-delà, ou, ce qui est plus grave, à rester en deçà du rayon de l'infection phylloxerique. En toute hypothèse, et alors même qu'on procéderait à l'arrachage administratif, il n'est pas impossible que quelques phylloxeras survivent et que la maladie reparaisse l'année suivante sur quelques points isolés. Evidemment aussi, tant qu'on n'aura pas la certitude que l'ennemi a disparu jusqu'au dernier, il sera nécessaire de veiller et d'exercer la plus active surveillance. Enfin les dépenses et surtout les indemnités atteindront une somme qui paraîtra excessive si l'on

---

[1] Communication à l'Académie, par M. Mouillefert le 16 octobre 1876, et journal du Loiret du 7 du même mois. A Orléans, comme à Prégny, il a été reconnu que le phylloxera a été apporté par des ceps américains venus d'Erfurth et introduits par des pépiniéristes de la localité.

[2] Le nombre total des propriétaires intéressés est de cent soixante environ.

considère l'étendue des vignes malades, et non celles des vignes préservées.

Pour beaucoup de personnes, l'élévation de la dépense et l'incertitude du succès sont une raison suffisante de refuser l'assimilation que l'Académie a cherché à établir entre la peste bovine et le phylloxera. Mais il est certain qu'à défaut de ces mesures radicales, le fléau s'étendra, dès la seconde année, dans une proportion qui ne fera qu'accroître les dépenses et les difficultés si elle ne rend pas complétement inutiles les efforts ultérieurs. Par ce seul motif il ne saurait être raisonnable d'attendre et de s'abstenir.

Ce que nous venons de dire de la tache d'Orléans s'applique à tous les points isolés, et même à ce que l'Académie appelle les *avancées*, c'est-à-dire aux points phylloxerés voisins de départements envahis, et qui ont une origine évidemment indigène.

Ces considérations ne sont autres d'ailleurs, que celles formulées par l'Académie, dès le mois de juin 1874, dans un rapport[1] transmis en son nom au Ministre de l'Agriculture. Ce document intéresse tous ceux qui ont quelque souci de l'avenir de nos vignobles, et si je ne puis le citer *in extenso*, tout au moins lui ferai-je de larges emprunts :

Lorsqu'une grande contagion vient à sévir sur nos animaux domestiques, l'autorité publique seule peut réussir à en arrêter les ravages, parce que seule elle a le moyen de concerter tous les efforts et d'appliquer toutes les mesures propres à empêcher la propagation du mal età en étouffer les foyers.

Le succès de la lutte entreprise contre la peste bovine, même dans les circonstances les plus défavorables, comme à l'époque de la dernière invasion de cette maladie, est une preuve de ce que peut, contre la plus subtile et la plus énergique des contagions animales, l'intervention de l'autorité, lorsqu'elle est armée de la puissance de la loi, et que, dominant toutes les volontés, surmontant toutes les résistances, elle impose à chacun le sacrifice de ce qu'il croit être ses intérêts pour sauvegarder les intérêts de tous.

Le souvenir de cette lutte heureuse a inspiré à **M.** Dumas l'idée que ce que l'on a fait contre la peste des bestiaux on pourrait le faire, et peut-être avec autant de succès, contre la maladie parasitaire qui s'attaque à la vigne depuis près de dix ans déjà, et qui menace d'être tout autant féconde en désastres que la peste bovine elle-même.

---

[1] *Rapport sur les mesures administratives à prendre pour préserver les territoires menacés par le phylloxera.* Commissaires MM. Dumas, Milne-Edwards, Duchartre, Blanchard, Pasteur, Thénard, Bouley, rapporteur.

De fait, cette maladie de la vigne est, elle aussi, une maladie contagieuse, et, comme toutes les contagions, elle trouve les conditions de son accroissement dans son accroissement même. A mesure que grandit la surface sur laquelle elle se développe, à mesure que se multiplie le nombre des sujets qu'elle atteint, l'intensité de sa force expansive augmente dans une proportion que l'on peut considérer comme géométrique.

Un coup d'œil jeté sur les cartes suffit pour faire voir que cette contagion est fidèle à sa nature, et il est facile de prévoir, par les progrès qu'elle a accomplis, qu'obéissant à la loi fatale de son expansion elle marchera tant qu'elle trouvera où se prendre.

Mais ne peut-on donc opposer aucune barrière aux envahissements de ce terrible mal, qui menace de tarir, et pour longtemps peut-être, l'une des plus grandes sources de notre richesse nationale? La Commission du phylloxera ne l'a pas pensé et, se conformant à l'idée émise par M. Dumas, elle a été d'avis que, dès à présent, il y avait urgence à essayer d'arrêter la marche de la maladie actuelle de la vigne par des moyens analogues à ceux qui se sont montrés si efficaces à protéger la population bovine des atteintes de la peste.

L'analogie des phénomènes autorise cette tentative, et votre Commission a l'espérance que les résultats viendront confirmer la justesse de l'idée qui l'a déterminée à la proposer.

Elle croit devoir, en conséquence, soumettre au jugement de l'Académie les résolutions suivantes, auxquelles elle s'est arrêtée.

Dans l'état actuel de notre législation, il n'existe point de lois qui puissent investir l'autorité des pouvoirs nécessaires pour appliquer à l'extinction de la maladie de la vigne les mesures rigoureuses que réclame la gravité des circonstances.

Une loi spéciale doit donc être promulguée, et voici dans quel esprit votre Commission pense qu'elle devrait être conçue.

La première de ses dispositions devrait avoir pour but d'imposer aux propriétaires de vignobles l'obligation de faire au maire de leur commune la *déclaration* de l'existence, dans leurs vignes, de la maladie causée par le phylloxera, dès l'apparition des premiers signes par lesquels cette maladie peut être reconnue.

Cette première mesure a l'avantage de tenir en éveil l'attention des plus intéressés, de les obliger à une active surveillance et de les faire concourir à l'œuvre de la préservation commune, quand bien même ils n'y seraient pas disposés.

Une fois prévenu par cette déclaration, ou, à son défaut, par la notoriété publique, le maire de la commune aurait à en donner avis au préfet du département, qui désignerait des experts pour constater l'état des choses et lui en rendre compte dans un procès-verbal circonstancié, qu'il s'empresserait de transmettre au Ministre de l'Agriculture.

Si le Ministre décidait, d'après les circonstances locales, qu'il y a lieu, en vue d'opposer une barrière à l'extension de la maladie, de faire détruire les vignes où la présence du phylloxera aurait été signalée, les experts, nommés par l'autorité préfectorale, auraient mission d'estimer le revenu que pourrait produire, pour l'année courante, l'ensemble des vignes qu'il s'agirait de détruire, et une indemnité égale à cette estimation serait allouée à leur propriétaire.

Dans la pensée de votre Commission, la destruction des vignes infestées devrait être prescrite dans deux circonstances principales :

1° Dans ces foyers isolés, plus ou moins nombreux, que l'on voit apparaître à une distance plus ou moins grande du foyer principal que représentent les départements envahis aujourd'hui en grande surface. Ces foyers isolés dénoncent la présence de colonies de phylloxeras, dont les fondateurs ailés ont été transportés par les vents dans les lieux qu'elles occupent actuellement; et quand on les laisse à elles-mêmes, comme on a fait jusqu'à présent, elles ne tardent pas, grâce à la prodigieuse fécondité des individus qui les composent, à agrandir leur domaine par la dispersion, dans tous les sens, des myriades qui sortent de leurs œufs.

Votre Commission est convaincue qu'en s'attaquant à ces points isolés, dès que la maladie commence à y être signalée, et en élargissant autour des ceps reconnus malades le champ de la destruction dans une mesure suffisante, on parviendrait à empêcher le phylloxera de gagner du terrain, et qu'il serait possible ainsi de préserver les territoires menacés.

2° Mais la destruction des vignes malades ou menacées d'infection ne devrait pas seulement être pratiquée dans ces localités isolées où se trouve signalée la présence de ces sortes d'avant-gardes de la grande armée des phylloxeras ; il faudrait aussi, dans la pensée de la Commission, diminuer les chances de la propagation du mal, en procédant à la destruction des vignes infestées sur les limites du grand foyer représenté par les départements envahis, et en s'attaquant principalement à ces *avancées* qui se dessinent sur la carte sous forme d'angles saillants, sur la phériphérie de la tache sombre qui marque la trop grande étendue du territoire dont le phylloxera a pris actuellement possession. Ces avancées indiquent, en effet, la direction que le phylloxera tend à suivre, sans doute parce que, dans ce sens, il rencontre des conditions plus favorables à sa marche, et, en l'attaquant sur ces points, on a plus de chances d'opposer des obstacles à ses envahissements. A quelle profondeur faudrait-il s'avancer dans ce mouvement concentrique dirigé contre le foyer principal ? Rien de précis ne peut être dit ici;

c'est sur les lieux seulement que les choses peuvent être appréciées ; mais on peut dire, d'une manière générale, que plus grande sera l'étendue sur laquelle sera pratiquée la destruction des vignes infestées et plus grandes seront aussi les chances pour que le mal ne puisse plus en irradier.

Voilà dans quelle mesure votre Commission pense que la loi à intervenir devrait être appliquée. L'Etat peut beaucoup pour préserver les territoires qui ne sont pas encore envahis, et on a le droit de compter qu'en éteignant les nouveaux foyers au moment où ils s'allument, et en s'opposant à la progression du foyer principal par la destruction de ses avancées, sur toute sa périphérie, le fléau restera concentré et finira par disparaître, s'il est résolûment combattu, d'ailleurs, dans les pays où il a trouvé jusqu'à présent trop libre carrière pour son développement.

La destruction nécessaire pour arrêter la marche du phylloxera devrait s'appliquer et être prescrite par la loi, non-seulement pour les ceps qui portent la visible empreinte du mal, mais encore pour ceux qui, quoique sains en apparence, sont déjà infestés par leurs racines, et, dans un certain rayon aussi, pour ceux qu'on peut considérer comme *suspects*, en raison de leur voisinage des ceps malades. En pareil cas, mieux vaut faire le sacrifice immédiat de ceps encore sains que courir la chance de voir le mal repulluler par l'application de mesures trop timorées.

Avant de procéder par l'arrachage à la destruction des vignes dont le sacrifice serait reconnu nécessaire, il faudrait opérer la désinfection du sol, sur la périphérie de la place à défricher et dans toute son étendue, par l'emploi des procédés chimiques dont l'expérience aura démontré l'efficacité ; puis, l'arrachage exécuté, les bois, les racines et les feuilles seraient réunis au centre de la place où l'on aurait fait le vide, et livrés immédiatement au feu, pour les cendres y être enfouies.

Enfin, défense devrait être faite de replanter la vigne dans le terrain défriché avant qu'une récolte, au moins, faite dans les vignes restées saines eût donné la certitude que toute crainte d'infection a désormais disparu. Autant que possible, le terrain défriché devrait être livré lui-même à une autre culture, pendant le temps où celle de la vigne y resterait suspendue.

Toute exportation de ceps, de sarments, de feuilles, d'échalas hors des territoires infestés devrait être interdite de la manière la plus rigoureuse pendant toute la durée de la maladie et après sa disparition, pendant le temps nécessaire pour constater qu'elle est complète et qu'aucun danger de retour n'est à craindre.

Depuis dix ans que le phylloxera a fait son apparition dans nos vignobles, il n'a pu prendre possession d'une aussi grande étendue du territoire que parce qu'on ne lui a encore opposé aucune barrière ; mais qu'on sache faire, dès maintenant, les sacrifices voulus pour entreprendre contre lui une lutte qui n'est pas impossible ; qu'on arme l'Administration de l'Agriculture de la loi dont elle a besoin pour appliquer les mesures sanitaires que les circonstances réclament ; que partout les efforts se concertent pour lui venir en aide ; que des commissions locales se constituent pour exercer une grande surveillance sur les vignobles menacés, de manière que le remède puisse être appliqué contre le mal aussitôt qu'il est signalé ; qu'en un mot on s'attaque à cette contagion comme on s'est attaqué à la grande contagion bovine, avec le même concours de volontés et d'efforts, et il n'est pas impossible que le succès couronne également l'entreprise.

Après tout, l'inertie ne peut être que nuisible en laissant au mal toute liberté de grandir : le passé en témoigne. Il ne faut donc pas y persévérer, puisque l'histoire des contagions animales autorise à penser que la contagion de la vigne peut, elle aussi, n'être pas insurmontable.

Contrairement aux vœux de l'Académie aucune proposition de loi n'a été, jusqu'à présent, déposée par le Gouvernement et les projets dûs à l'initiative parlementaire [1] ne tiennent aucun compte, ainsi que nous le verrons, des données scientifiques ni même des principes financiers. Depuis 1874, on ne pourrait cependant invoquer aucun fait qui ne vînt à l'appui des conclusions du rapport de M. Bouley et il est plus urgent que jamais d'établir un cordon sanitaire autour des départements phylloxerés, si nous voulons sauver les dix-huit cent mille hectares qui nous restent.

Les considérations qui précédent s'appliquent exclusivement aux régions limitrophes des départements phylloxerés ou à celles, plus éloignées, qui présentent des taches isolées de date récente. Faut-il donc abandonner la lutte dans les départements où l'infection est généralisée? Tel paraît être l'avis de tous ceux qui préconisent aujourd'hui les vignes américaines, cette solution « désespérée, » comme l'appelle M. Girard. La Commission du phylloxera elle-même semble hésiter à se prononcer sur cette grave question. Elle n'a pas encore déposé le rapport qu'elle annonçait à l'Académie, dès le mois de juin 1874, sur ce qu'il y aurait à faire dans les pays envahis. Et cependant n'est-il pas démontré, par une expérience de dix années, que, dans cette campagne offensive comme dans la campagne défensive, les efforts isolés sont voués fatalement à la stérilité. Jamais un propriétaire ne se résoudra à des dépenses même minimes lorsqu'il a

---

[1] La commission nommée par la Chambre pour étudier les mesures à prendre contre le phylloxera, n'a pas encore déposé son rapport.

la certitude que l'ennemi reste embusqué chez le voisin et reparaîtra l'année suivante. Or il en est ainsi chaque fois que les procédés de destruction ne s'attaquent qu'à une des formes du phylloxera et ne s'étendent pas à toutes les vignes, saines ou non, situées dans les trente à quarante kilomètres qui constituent le rayon de la contagion annuelle.

Malheureusement il est plus facile de démontrer la nécessité d'agir d'une manière générale et par voie administrative que de faire un plan de campagne. Pour ma part, je ne saurais avoir la prétention d'être plus perspicace que la Commission supérieure du phylloxera et que l'Académie. Que de difficultés en effet, à n'envisager que les conséquences industrielles et commerciales qu'entraîne l'emploi des insecticides sur une surface de 600,000 hectares. En présence d'une telle étendue, on arrive à cette conclusion que les agents destructeurs étant trouvés, un des principaux obstacles consiste à se procurer assez de matières premières et assez de produits fabriqués, pour pouvoir suffire à tous les besoins dans en délai restreint. En 1875, M. Rohart [1] a calculé que pour 250,000 hectares seulement, il faudrait plus de 62 millions de kilogrammes de sulfocarbonate solide, soit, aux cours de 1875, une valeur totale de 149 millions de francs. Depuis lors le prix des sulfocarbonates a notablement diminué; par contre, les étendues envahies ont augmenté.

Fort heureusement il n'y a pas qu'un remède ni qu'un insecticide. Dans certaines localités la submersion est possible; dans d'autres, on peut appliquer les sulfocarbonates, ailleurs le coaltar. Presque partout on peut tout au moins mettre profit les récentes découvertes de M. Balbiani et procéder à la destruction de l'œuf d'hiver au moyen de la décortication ou du badigeonnage des ceps avec un liquide insecticide. J'admettrai même, si l'on veut, que là où les plantations de vignes américaines existent déjà et ont reçu un certain développement, on peut les tolérer provisoirement.

Au point de vue administratif, le seul dont j'aie à m'occuper ici, il ne paraît pas impossible de vaincre les difficultés pratiques qui seraient insurmontables si on avait la prétention de lutter partout à la fois. Sans formuler de toutes pièces un programme, j'indiquerai certains procédés administratifs déjà inscrits dans notre législation et sanctionnés par l'expérience.

Il n'y a pas de difficultés en ce qui concerne les déclarations à exiger des propriétaires phylloxerés et les mesures de police

---

[1] *Etat de la question. Phylloxera*, par F. Rohart, manufacturier chimiste. 1875.

réclamées par l'Académie en vue de prévenir la contagion. Mais dans les pays phylloxérés depuis longtemps, la lutte elle-même doit être localisée et ne peut être entreprise, avec quelque chance de succès, que dans certaines conditions. De là, la nécessité de déterminer administrativement les périmètres dans lesquels doivent être entrepris les travaux d'ensemble. Ce ne serait pas la première fois que l'Administration aurait à procéder à de pareilles délimitations. Les lois de 1860 et de 1864 sur le reboisement et le regazonnement des montagnes, bien qu'il n'y ait, je le reconnais, qu'une analogie fort éloignée entre les opérations qu'elles ont en vue et celles qui nous occupent, nous fournissent des antécédents utiles à consulter. Dans certains départements l'intérêt général domine ; dans d'autres, l'intérêt des propriétaires du sol est surtout en jeu. Dans le premier cas, l'État, en vue de préserver les régions encore indemnes, prendrait l'initiative des travaux ; dans le second, il ne ferait que répondre aux vœux des populations qui réclameraient des subventions et offriraient leur concours. L'urgence, les facilités de l'exécution, les chances de succès d'après les données scientifiques, aussi bien que les dispositions plus ou moins favorables des intéressés, serviraient à déterminer l'ordre à suivre dans les travaux d'ensemble. En toute hypothèse, il y aurait nécessairement lieu de faire prononcer l'expropriation momentanée de la superficie pour cause d'utilité publique.

Réduite à ces termes, l'intervention directe de l'État cesse d'être une utopie. Par l'intermédiaire des Préfets, le Gouvernement apporterait l'autorité de la loi aux comités locaux chargés de diriger les travaux. Les comptables du Trésor seraient chargés des recettes et des dépenses dont le contrôle serait ainsi assuré. La Commission supérieure serait consultée sur les questions de délimitation de périmètre et sur l'application des remèdes. Au besoin ses délégués se rendraient sur le terrain et s'assureraient que les deniers de l'Etat sont utilement employés.

Je n'ai pas à formuler ici un projet de loi, ni par conséquent à entrer dans les détails d'exécution sur lesquels le Conseil d'Etat et les deux Chambres auraient à se prononcer. Mon but est plus modeste, et ce serait déjà beaucoup que de faire admettre le principe même de la nouvelle législation, étant donné que cette étude tout entière n'est que la démonstration de la réalité du danger qui menace la richesse nationale, l'équilibre du budget et l'hygiène publique.

Deux sortes d'objections, également sérieuses, peuvent être faites à un projet de loi qui entraîne l'intervention pécuniaire de l'Etat. Les uns le repousseront au nom des principes qui s'opposent, avec raison selon moi, à ce que l'État joue le rôle de Providence ; j'essaierai de démontrer que, dans le cas présent, ces principes ne sont pas en jeu. Les autres seront effrayés des sacrifices à demander au budget. Cette seconde objection tombe d'elle-même si j'ai réussi à établir que tôt ou tard l'impôt sera atteint dans une proportion qui menacerait bien autrement cet équilibre, juste sujet de préoccupation de tous les pouvoirs publics.

V. — PROJETS DE LOI DÉPOSÉS AU SÉNAT ET A LA CHAMBRE.

S'il est difficile de faire un programme des mesures administratives à prendre contre le phylloxera, il est beaucoup plus aisé de démontrer que les projets déposés jusqu'à ce jour à la Chambre et au Sénat par quelques-uns de leurs membres, sont en dehors de la question, et que leur adoption n'aurait que des résultats désastreux à tous les points de vue.

Au début de l'invasion phylloxerique, il y a dix ans, tous les départements viticoles avaient les mêmes intérêts. Il n'en est plus de même aujourd'hui. C'est ce qui explique comment les projets déposés ne tiennent pas un compte suffisant des intérêts généraux du pays. Dans l'Hérault, par exemple, qui n'a jamais produit que des vins de peu de valeur et qui est envahi dans toutes ses parties, comme dans la plupart des départements du midi, la culture des vignes américaines apparaît comme la seule planche de salut. Aussi le congrès interdépartemental, tenu à Montpellier en 1876, a-t-il émis des vœux favorables à tout ce qui peut l'encourager. Il ne saurait en être de même dans les départements qui, jusqu'à ce jour, ont échappé au phylloxera, surtout lorsqu'ils produisent ces vins délicats dont la saveur et le bouquet ne connaissent de rivaux dans aucun pays. Pour ces départements, nous l'avons démontré, la culture des vignes américaines, même comme porte-greffes, perpétue le danger et fait naître des chances redoutables au point de vue de la qualité de nos produits. Par malheur on s'occupe peu du phylloxera là où il n'existe pas encore.

Ceci dit, examinons brièvement les projets dûs à l'initiative parlementaire. Ils consistent uniquement, pour les vignobles phylloxerés, dans le dégrèvement de l'impôt direct, et dans une exemption d'impôt pendant plusieurs années, en faveur des plantations de vignes américaines.

Ces faveurs ne me paraissent nullement justifiées. Chaque année, sur un crédit ouvert au ministère de l'agriculture, des secours sont accordés aux sinistrés de toute catégorie. En 1873, par exemple, ce secours spécial s'est élevé à 2,682,950 francs, sans préjudice des dégrèvements d'impôts qui, pendant la même année et pour le même objet, ont dépassé 2,860,000 : soit un total de 5,542,950 fr. Soixante-huit départements ont été atteints par la gelée en 1873. Dans plusieurs d'entre eux les pertes dépassent quinze, vingt et trente-neuf millions ; de ce chef et de celui de la grêle, elles se sont élevées pour l'ensemble de la France : en 1871 à 160, en 1872 à 119, en 1873 à 306 millions de francs. Néanmoins le pouvoir législatif n'a été saisi d'aucune proposition spéciale.

Jusqu'à présent, les pertes annuelles causées par le phylloxera restent fort au-dessous du moindre de ces chiffres ; — je ne parle pas de l'avenir au sujet duquel, je me suis suffisamment expliqué. — Que les vignerons phylloxerés prennent leur part dans la répartition des fonds de secours et de dégrèvement, rien de mieux. Exiger davantage serait souverainement injuste. Comment, en effet, justifier ce privilége ? Les terroirs plantés en vignes depuis le cadastre — et l'on en compte beaucoup, surtout dans l'Hérault et dans les autres départements du Midi — ont été cotisés, pour la plupart, sur le pied des terrains de moindre valeur. Depuis vingt ou trente ans, ils payent un impôt dérisoire [1], hors de proportion avec le revenu réel, tandis que les cultures voisines qui existaient à l'époque du cadastre, payent proportionnellement sur un taux beaucoup plus élevé. Le privilége dont jouissent les vignes depuis un grand nombre d'années, peut-il servir d'argument pour en obtenir un nouveau ? En définitive, au point de vue de l'impôt, la destruction des vignes ne fait que rétablir la proportionnalité, et la péréquation cadastrale votée en principe par la Chambre, aurait pour premier effet de rehausser considérablement le contingent foncier des départements au nom desquels on réclame aujourd'hui des dégrèvements d'impôt. Enfin est-ce au moment où le Trésor a besoin de toutes ses ressources pour équilibrer le budget que l'on peut, sans distinction des besoins plus ou moins grands de chacun, par mesure générale, et en dehors des règles habituelles, créer toute une catégorie de contribuables qui échappera pendant plusieurs années à l'impôt direct ? Poser ces questions c'est les résoudre. Ce n'est pas en dégrèvant les vignes que l'on guérira le phylloxera ni que l'on secouera l'apathie trop évidente des populations viticoles. C'est encore moins en accordant un privilége aux vignes américaines, vouées fatalement au phylloxera et qui en conservent précieusement le germe. J'ajoute que ces dégrèvements généraux, prononcés par des lois d'exception, présentent dans leur application des difficultés parfois insurmontables. L'instruction des

---

[1] Les 2/5ᵉˢ environ des vignes du Midi ne paient pas plus de 40 centimes à l'hectare.

demandes de dégrèvement se fait précipitamment, sans être entourée de garanties nécessaires. C'est ce qu'a très-bien senti le rapporteur chargé d'appuyer la loi devant le Sénat, et la lecture de cette partie de son rapport suffirait à elle seule pour faire repousser la loi [1]. Il faut donc en matière de dégrèvement, demander pour les viticulteurs atteints par le phylloxera, aussi bien que pour ceux qui sont victimes de la grêle ou de la gelée, le droit commun, rien de plus. Créer un privilége en leur faveur, c'est faire renaître cette dangereuse conception de l'Etat-Providence, se substituant aux intéressés dans une foule de questions qui sont exclusivement du domaine de l'initiative privée [2]. Nous avons péniblement conquis la liberté du travail et de l'industrie ; le régime protecteur a disparu de nos lois et de nos traités de commerce ; dans l'intérêt du régime républicain plus encore que de la logique, la protection ne doit reparaître sous aucune forme et sous aucun prétexte. Dans un pamphlet resté célèbre, F. Bastiat, démolissait d'un seul mot ces dangereuses chimères, en donnant à

[1] Le rapporteur, M. le colonel Meinadier, reconnaît qu'il y a lieu de redouter, lors de l'application de la loi, « les prétentions de certains propriétaires qui, dès la première menace, voudront considérer tous leurs vignobles comme attaqués, dévastés, détruits ; les plaintes de ceux qui auront été atteints les premiers, qui auront peut-être déjà modifié leurs cultures et ne pourront plus réclamer en temps utile ; de tels autres qui, pour avoir remplacé quelques ceps malades par des ceps de même espèce qu'ils avaient sous la main, présenteront ces plantations partielles comme une reconstitution donnant droit à l'exemption d'impôt... etc. » (*Journal officiel* du 9 novembre 1876.)

A la Chambre, le rapport de la commission du phylloxera n'est pas encore déposé.

[2] Fidèle à son esprit de réglementation à outrance, l'ancien régime avait fait arracher les vignes plantées par les Jésuites dans le nouveau monde et interdit les nouvelles plantations en France. Il n'est pas sans intérêt de lire les considérants de l'arrêt du Conseil de 1731, qui ne faisait, d'ailleurs, que confirmer la législation existante :

« Sur les représentations qui avaient été faites au roi depuis longtemps, que la trop grande abondance des plants de vignes dans ce royaume occupait une grande quantité de terres propres à porter des grains où à former des paturages, causait la cherté des bois, par rapport à ceux qui sont annuellement nécessaires pour cette espèce de fruit et multipliait tellement la quantité des vins, qu'ils en détruisaient la valeur et la réputation dans beaucoup d'endroits..... SA MAJESTÉ voulant faire cesser ces nouvelles plantations de vignes et remédier aux inconvénients qui en résultent... LE ROI EN SON CONSEIL, a ordonné qu'à commencer du jour de la publication du présent arrêt, il ne sera fait aucune plantation des vignes dans l'étendue des Provinces et Généralités du Royaume... à peine de trois mille livres d'amende et de plus grandes, s'il y écheoit etc... »

En favorisant par des dégrèvements d'impôts les plantations de vignes américaines, le Sénat et la Chambre des députés ne feraient que suivre ces principes de tutelle administrative exagérée.

l'usage de ses adversaires, cette définition de l'Etat : « L'ÉTAT c'est
la grande fiction à travers laquelle TOUT LE MONDE s'efforce de vivre
aux dépens de TOUT LE MONDE. » Si j'insiste sur ces principes, c'est
qu'il importe beaucoup, dans l'intérêt même de la cause que je
défends, qu'aucune confusion ne puisse subsister sur le point de vue
auquel on doit se placer pour réclamer une intervention exceptionnelle de l'Etat en faveur des vignes françaises.

IV. — APPLICATION DU PRINCIPE DE L'ASSURANCE MUTUELLE CONTRE LE PHYLLOXERA.

Si je repousse énergiquement, au nom des principes de l'économie politique, l'idée de l'Etat-Providence et *assureur* universel,
j'admets parfaitement, au contraire, que l'Etat prenne part à l'assurance en qualité d'*assuré*, fournissant sa quote-part à la Caisse
commune. C'est ce qui se passe tous les jours, dans la pratique,
pour le domaine de l'Etat, sans qu'il soit jamais venu à l'idée de
personne de trouver cette mesure de vulgaire prudence indigne d'un
si gros personnage.

Ceci posé, nous pouvons nous demander si ce n'est pas dans
une assurance *sui generis* que l'on doit chercher les ressources
nécessaires pour combattre le phylloxera.

En 1875, l'Etat retire de l'impôt indirect, pesant exclusivement
sur les vins, un revenu de 175 millions. De leur côté, les Communes
perçoivent, sur la même denrée, des droits d'octroi pour une
somme de 66 millions. Ne peut-on pas considérer les Communes et
l'Etat comme des usufruitiers qui ont grand intérêt à conserver
intact le domaine sur lequel repose uniquement ce magnifique
revenu? Enfin, les propriétaires de vignes ont encore en 1876,
plus de 1200 millions de revenu brut. C'est à ces trois catégories
d'intéressés qu'il appartient de faire le fonds social et de le doter
assez richement pour que l'homme reste vainqueur du puceron.

Il ne serait pas impossible de tracer immédiatement le plan de
cette opération financière. Mais, ainsi formulé, ce projet soulèverait, au point de vue des détails d'exécution, de nombreuses objections qui ne peuvent être ni prévues ni résolues dans une simple
étude. J'aurai suffisamment atteint le but que je me suis proposé
si, par quelques indications sommaires, j'arrive à démontrer la justesse du principe et la possibilité pratique de son application.

Que l'Etat et que les Communes aient un intérêt majeur à conserver intact un revenu de près de 300 millions, c'est ce qui n'a
pas besoin d'être démontré. Toute la question est de savoir si,

comme j'ai essayé de le prouver, ce revenu est sérieusement menacé. La Ville de Paris, par exemple, recouvre chaque année sur ce seul objet de consommation, le vin, près de 45 millions de francs. Serait-ce donc trop de lui demander, ainsi qu'aux douze cents autres communes à octroi, le quarantième et même le vingtième de ce revenu. Il n'y a pas si longtemps — (décret du 19 mars 1852) — que le dixième du produit total des octrois était prélevé au profit de l'Etat. Le sacrifice à demander aux communes, et qui pourrait leur être imposé par la loi, est beaucoup moindre ; il ne saurait entrer en comparaison avec les intérêts de toute nature qu'il s'agit de sauvegarder. La quote-part annuelle de l'Etat et des Communes, quelque réduite qu'on la suppose, suffirait donc à elle seule pour constituer un fonds commun déjà fort respectable.

Jusqu'ici point de difficultés pratiques. Il n'en est plus de même lorsqu'il s'agit des intéressés. En ce qui les concerne l'assurance sera-t-elle volontaire ou obligatoire, et en tout cas comment faire comprendre à un vigneron dont le petit morceau de terre est bien loin des régions infectées qu'il doit contribuer pour sa part à la destruction d'un puceron microscopique qu'il n'a jamais vu, et qu'il espère bien ne voir jamais? Demandera-t-on une prime d'assurance aux propriétaires de vignes des pays déjà phylloxerés? C'est en ne négligeant aucune de ces difficultés que l'on peut arriver à formuler un plan général vraiment pratique.

Qui dit assurance dit que le sinistre à réparer peut arriver, mais n'est pas actuel. Les départements phylloxerés doivent donc être exclus, en principe, du bénéfice de l'assurance. Lorsque l'Etat, sur leur demande ou en vue de protéger des vignobles encore indemnes, entreprendra des travaux d'ensemble dont ils seront appelés à profiter, ils lui devront, non le sacrifice minime que représente une prime d'assurance, mais bien un concours pécuniaire effectif en rapport avec le service rendu. D'ailleurs, en admettant les pays phylloxerés à s'assurer, ce serait s'engager à faire immédiatement des travaux partout à la fois, et nous avons reconnu la nécessité pratique de localiser les chantiers, non-seulement selon le vœu des populations, mais surtout selon l'urgence et les chances de succès.

L'assurance ne doit donc être offerte qu'aux départements encore indemnes. Leur concours sera plus facilement obtenu, si la somme à payer par hectare de vignes est minime et si l'assurance, au lieu d'être faite directement par les propriétaires eux-mêmes, est consentie par le Conseil général, au nom du département tout entier. L'assurance conserverait ainsi son caractère volontaire au premier degré.

Au second degré, elle revêtirait la forme d'une taxe départementale, facilement acceptable parce qu'elle serait légère. Il paraît peu probable qu'un Conseil général, éclairé par les discussions que la loi soulèverait au Sénat et à la Chambre, se refuse à doter le département qu'il représente, du droit à des subventions ultérieures pour le cas où il serait à son tour atteint par l'invasion phylloxerique. Il s'y refuserait d'autant moins qu'à défaut de cette assurance préalable, la loi sur le phylloxera mettrait à la charge du département les dépenses faites par l'Etat en vue de protéger contre la contagion les départements voisins.

En résumé, les fonds dont l'Etat aurait à disposer pour établir un cordon sanitaire autour des départements phylloxerés et commencer, sur certains points déterminés, la lutte contre l'ennemi commun, se composeraient :

1° De sa quote-part comme assuré ;

2° De la quote-part des communes à octroi ;

3° De la quote-part des départements encore indemnes, assurés collectivement par le Conseil général ;

4° Enfin des fonds de concours à exiger des départements, des communes ou des propriétaires phylloxerés, dans l'intérêt desquels des travaux communs de défense seraient entrepris [1].

La lutte contre le phylloxera durera de longues années ; il serait donc tout naturel que les opérations, recettes et dépenses, fussent

---

[1] Voici, en chiffres, le résultat approximatif de cette combinaison, étant donné que la quote-part de l'Etat et des communes serait fixée au 40ᵉ et celle des particuliers à 2 francs par hectares.

1° Part de l'Etat, $\frac{1}{40}$ de 175 millions, produit de l'impôt sur les vins.	4,375,000	»
2° Part des Communes $\frac{1}{40}$ de 66 millions, produit des octrois et surtaxes sur les vins.	1,650,000	»
3° Part des propriétaires de vignes, à raison de 2 francs par hectare, — 1,500,000 hect. (départements non phylloxerés). —	3,000,000	»
	9,025,000	»
4° Fonds de concours des départements phylloxerés. .	9,025,000	»
Total annuel. .	18,050,000	»

Lors de la peste bovine (1870-1871-1872), et avec le système de l'intervention unique et exclusive de l'Etat (Loi du 30 juin 1866), les indemnités payées aux propriétaires des animaux abattus, se sont élevées: pour une perte totale de. . . . . 24,333,847 »
à. . . . . 8,258,308 »
soit, à la charge du trésor 45.11 0/0 de la perte totale. Dans le système proposé ci-dessus, la part du budget de l'Etat serait proportionnellement moindre, quelque soit le tarif adopté par le législateur.

inscrites non au budget général, mais à un chapitre particulier du budget sur ressources spéciales.

C'est donc bien au principe parfaitement équitable de l'assurance mutuelle que je propose de recourir pour trouver les millions actuellement nécessaires pour combattre efficacement le phylloxera. Grâce au même principe, les charges se trouveraient réparties proportionnellement aux intérêts engagés, sans préjudice du concours que l'Etat, comme représentant des intérêts généraux, peut être amené à prêter à cette entreprise.

Je ne me dissimule nullement les objections et les obstacles que rencontrerait l'exécution de ce plan financier ; mais les dangers sont tels, la nécessité d'une action prompte et énergique s'impose si évidemment, qu'en regard du désastre qu'il s'agit de prévenir, objections et obstacles doivent être comptés pour peu de chose. J'espère d'ailleurs qu'en appelant la discussion sur ce nouveau point de vue de la question du phylloxera, on tirera tout le parti possible de ce qu'il peut y avoir de bon dans les idées que j'ai cru devoir exposer au sujet de l'intervention de l'Etat.

CONCLUSION

En terminant je répéterai ce que l'illustre secrétaire perpétuel de l'Académie des sciences disait dès 1874 : « Le phylloxera ne peut être dompté que si l'on est bien convaincu qu'il s'agit d'une peste animale et seulement lorsqu'on se décidera à mettre à profit, à cette occasion, les principes adoptés aujourd'hui pour la surveillance des épizooties. » Cet avertissement, donné par une voix si autorisée, a été méconnu et l'on ne saurait trop le regretter.

Le Ministre des Finances appelait récemment [1] l'attention de la Chambre sur un document qui, disait-il, « ne saurait être trop médité par ceux qui tiennent à ne pas compromettre la prospérité actuelle de nos finances. » Ce document n'est autre que le tableau des échéances de toute nature auxquelles le Trésor est tenu de faire face, sur les fonds du budget, pendant une longue série d'années. Le phylloxera — je crois l'avoir démontré — a sa place marquée sur ce relevé des charges présentes et futures du Trésor. Tôt ou tard, qu'on le veuille ou non, le phylloxera aura son budget avoué ou déguisé. Il y a quelques années ce budget eut été de quelques

[1] Exposé des motifs du budget de 1878.

centaines de mille francs; aujourd'hui il faut des millions. Plus on attendra plus le chiffre des sacrifices annuels grossira.

En dix ans le fléau s'est avancé de Roquemaure à Mancey. Il faudra plus de dix ans de travaux opiniâtres et intelligents pour lui faire rebrousser chemin et il peut être le plus fort si on ne se décide pas à agir avec méthode, sans négliger aucune des données scientifiques, administratives et financières du problème. Dût-on ne pas réussir il serait encore préférable d'engager la lutte. Jamais le proverbe « *time is money* » n'a été plus vrai. En 1875 la récolte de la vigne peut être évaluée à 2 milliards de francs, en 1876 à 1,200 millions; chaque année de répit représente des centaines de millions.

Pour ma part j'ai la conviction absolue qu'au prix d'un tribut annuel on peut satisfaire ce minotaure et l'empêcher d'élargir le cercle de ses ravages. Pourra-t-on le chasser définitivement de notre pays? Ici le résultat est plus incertain, mais une fois encore je répéterai le « *time is money* » de nos voisins. Que de progrès ne font pas la science et l'industrie en vingt ans! C'est donc beaucoup déjà que de reculer la catastrophe. Dès l'année prochaine d'ailleurs, l'expérience aura prononcé, pour les plus incrédules, sur la portée des dernières découvertes de M. Balbiani et sur la valeur des divers procédés préconisés pour la destruction de l'œuf d'hiver. Quant à moi je ne doute pas que le savant professeur n'ait vu juste et n'ait trouvé la solution pratique du problème tant cherchée jusqu'à ce jour.

Je ne répéterai pas ce que j'ai dit de la nécessité de l'intervention de l'Etat, de la forme qu'elle doit prendre, et de l'importance des ressources dont il doit disposer, si l'on ne veut pas marcher à un échec certain.

Maintes fois, dans le cours de ces études, à travers les chiffres et les formules administratives ou scientifiques, j'apercevais dans toute sa petitesse et aussi dans sa terrible réalité, ce puceron déjà cause de tant de ruines privées. De l'avis des plus modérés, le monde comptait cinq à six mille ans d'existence quand il apparait pour la première fois en Europe. Aussitôt les Académies sont en émoi; les zoologistes découvrent en lui un des plus curieux exemples de polymorphisme et de parthénogenèse: les botanistes analysent les lésions mortelles qu'il fait à la vigne. Pour lui, les chimistes chauffent leurs cornues et recueillent leurs gaz les plus délétères; les ingénieurs détournent les fleuves de leurs cours et font des devis de plus de 100 millions. Au bout de dix ans d'existence, il menace un revenu de 2 milliards et un impôt de 300 millions. Il faudra dix ans, vingt ans peut-être de lutte opiniâtre et une rançon de plusieurs millions pour le chasser de notre territoire. Brochures, articles de journaux, conférences, circulaires ministérielles, exposés des motifs, rapports de commissions, voici pour le passé ; que sera-ce demain ! Quand il aura donné son nom à quelque mode et quand il sera monté sur la scène, non pas avec des grelots et en jupon court dans quelque revue de fin d'année, mais en habit noir, à côté du fameux vibrion de M. Alexandre Dumas fils, rien ne manquera à son triomphe. C'est alors qu'il faudrait pouvoir dire avec la Fontaine :

> L'insecte du combat se retire avec gloire :
> Comme il sonna la charge, il sonne la victoire,
> Va partout l'annoncer, et rencontre en chemin
> L'embuscade d'une araignée :
> Il y rencontre aussi sa fin !

Mais quelle est l'araignée famélique qui ne dédaignerait ce moucheron ! Belle occasion pour les philosophes de disserter avec Pascal sur la grandeur et la misère de l'homme.

Au moyen âge, le phylloxera eut été condamné, en bonne et due forme, à quitter les lieux [1]. De nos jours, il va faire couler l'encre et noircir du papier, créer des usines, mettre en mouvement des capitaux et des légions de travailleurs. De tout temps, derrière ce ciron comme derrière tout fléau, les esprits religieux n'auront pas de peine à découvrir la main du Dieu créateur qui veut bien que les peuples s'enrichissent, mais qui ne leur permet pas de l'oublier jamais.

---

[1] En 1562, dans le Roussillon, des jugements en bonne forme furent rendus contre la pyrale, l'obligeant, sous peine d'excommunication majeure, à quitter le pays et à se retirer dans un lieu particulier qu'on lui désignait.

TABLE

PARIS. — E. DE SOYE ET FILS, IMPR., 5, PL. DU PANTHÉON.

9 782019 691691